돌봄으로 세우는 존중의 경계

당신의 평등에는 온기가 있나요?

이문국 · 김은정

돌 봄 으 로   세 우 는   존 중 의   경 계

당신의 평등에는 온기가 있나요?

| 프롤로그 |

온기 잃은 평등을 넘어,
마음을 쓰는 존재로 살아가기

'젠더갈등'이라는 단어가 일상화된 지금, 우리 사회는 승자와 패자만이 존재하는 듯한 현상에 피로감을 느낍니다. 우리는 더 많은 권리와 공정을 외치지만, 정작 마음은 더 차갑게 식어가고 있다는 생각을 하고 있지 않습니까? 기존의 투쟁 중심적 평등 담론의 한계를 짚어보고 '돌봄(care, sorge)'이라는 키워드를 통해 인간 이해의 새로운 지평을 열고자 합니다. 돌봄은 단순한 감정이나 행위를 넘어, 나와 너 그리고 우리를 연결하고 살리는 실존적 태도이자 윤리적 실천임을 역설합니다. 독자들에게 이 책이 차가운 세상을 살아가는 데 필요한 따뜻한 외투이자, 관계의 지혜를 주는 길잡이가 되기를 소망하며 함께 떠날 여정의 첫걸음을 안내합니다.

이 책은 늦은 밤 SNS 타임라인을 내리다 문득 느꼈던 깊은 피로감에서 시작되었습니다. 화면 속에서는 '젠더갈등'이라는 이름 아래 날 선 단어들이 쉴 새 없이 오가고 있었습니다. 통계와 수치가 동원되고 논리와 비난이 격돌했지요. 모두가 '정의'와 '평등'을 외치고 있었지만 그 어디에서도 행복이나 해방감은 찾아볼 수 없었습니다. 오히려 서로를 향한 적대감과 깊은 상처, 그리고 '아무도 나를 이해해 주지 않는다'는 깊은 고독만이 느껴졌습니다. 그 순간 묻지 않을 수 없었습니다.

"우리는 무엇을 위해 싸우고 있는 걸까? 이 싸움의 끝에서 우리는 과연 행복해질 수 있을까?"

우리는 더 많은 관리를 쟁취하고, 더 공정한 시스템을 만들기 위해 애써 왔습니다. 기울어진 운동장을 바로 세우려는 노력은 너무나도 중요하고 앞으로도 계속 해야 할 과제입니다. 하지만 그 과정에서 우리는 가장 중요한 것을 놓치고 있는지도 모릅니다. 바로 '사람의 마음'입니다.

이 책은 차가운 권리 투쟁의 언어를 넘어, 따뜻한 '돌봄'의 언어로 평등을 다시 이야기하고자 합니다. 여기서 말하는 돌봄은 단순히 누군가를 보살피는 행위를 넘어 상대의 존재를 있는 그대로 인정하고 그의 아픔에 공감하며 기꺼이 내 마음 한 자락을 내어주는 '마음 씀'의 태도입니다. 남성은 억압자, 여성은 피해자라는 이분법적 구도를 넘어 우리 모두가 이 불완전한 사회 시스템 안에서 각자의 방식으로 고통받고 있음을 인정하는 것에서부터 시작하고자 합니다.

남성은 '강해야 한다'는 사회적 갑옷 속에 자신의 눈물과 약함을 숨겨야 했고, 여성은 '상냥하고 희생해야 한다'는 프레임 속에서 자신의 목소리를 잃어버렸습니다. 우리는 서로에게 필요한 존재가 아니라 서로가 가진 것을 빼앗은 경쟁자가 되어버렸습니다. 이 책에서는 독자들에게 익숙한 '젠더갈등'의 풍경을 제시하며 우리가 느끼는 이 피로감과 공허함의 정체를 함께 들여다보고자 합니다.

그리고 '온기'라는 새로운 화두를 던지며 함께 떠날 여정의 목적지를 안내할 것입니다.

이 질문 "당신의 평등에는 온기가 있나요?"는 책을 덮을 때쯤에는 독자 자신의 삶을 바꾸는 새로운 다짐이 될 것입니다.

2025년 초여름 성복동에서

차례

프롤로그: 온기 잃은 평등을 넘어, 마음을 쓰는 존재로 살아가기 …… 4

1장 돌봄 – 인간 존재의 핵심이자 평등의 새로운 언어

1장 평등의 사각지대, '돌봄'의 부재 …………………………………… 15
2장 하이데거에서 여성주의 윤리까지 : 철학자들이 말하는
　　'마음 씀(sorge)'의 깊이 ……………………………………………… 23
3장 돌봄은 약함이 아니라 가장 성숙한 힘이다 ………………… 42
4장 '마음 씀'의 언어를 배우다 : 경청, 인정, 기다림 기술 ……… 50

2부 어른의 삶 속에 스며드는 돌봄의 기술
　　– 마음을 쓰는 관계의 실천

1장 집안의 평등 : 가사 분담을 넘어 마음 분담으로 ……………… 61
2장 일터의 평등 : 경쟁을 넘어 동료애를 꽃피우다 ……………… 70
3장 관계의 평등 : 사랑과 우정이라는 이름의 돌봄 ……………… 76
4장 "라떼는 말이야"와 "요즘 애들은…" 사이 : 세대 차이를 넘어선
　　돌봄의 다리 놓기 …………………………………………………… 81

Contents

3부 우리 아이를 위한 마음 첫걸음
– 유치원·초등학생 부모 지침서

1장 감정의 언어 가르치기 : "속상했구나." 공감의 첫걸음 ····· 91
2장 핑크색은 여자아이, 파란색은 남자아이?
  : 성 고정관념 없는 놀이와 교육 ····························· 98
3장 "내 몸은 내 거야!" : 어린이를 위한 동의와 경계 존중 교육 105
4장 친구 관계와 갈등 해결 : 공감과 배려를 배우는 놀이터 ··· 111
5장 디지털 세상과의 첫 만남 : 스마트폰 사용 규칙과 미디어
  리터러시 기초 ···120

4부 십대, '나'와 '우리'를 돌보는 마음 성장수업
– 중·고등학생을 위한 가이드

1장 나는 누구? 다양한 '나'를 존중하고 사랑하기 ················131
2장 친구 사이에도 예의가 필요해 : 건강한 우정 쌓기와 관계의
  경계 ···137
3장 첫사랑, 첫 설렘 : 존중과 동의가 만드는 아름다운 시작 ···145

차례

4장 디지털 네이티브의 슬기로운 온라인 생활
  : 사이버폭력 예방과 디지털 발자국 ·················· 151
5장 세상을 향한 따뜻한 시선
  : 공감 능력 키우기와 '함께'의 가치 ·················· 158

5부 돌봄의 윤리, 경계를 넘어서는 폭력에 맞서다
– 대학생을 위한 실천 가이드

1장 성희롱 없는 캠퍼스 : '존중의 경계선'을 함께 그리다 ········· 167
2장 디지털 세상의 그림자 : 디지털 성범죄, '보이지 않는 폭력'으로부터 나를 지키기 ················· 176
3장 스토킹과 교제폭력 : '사랑'이라는 이름의 착각과 범죄 ······ 185
4장 방관자에서 '적극적 방어자(Upstander)'로 : 안전한 공동체를 만드는 돌봄의 용기 ················· 194

Contents

6부 우리 모두가 서로의 돌봄이 되는 세상
– 더 넓은 연대를 향하여

1장 소년에게 눈물을, 소녀에게 야망을 ··············· 207
2장 사회를 바꾸는 돌봄: 시스템을 디자인하다 ············ 215
3장 결국, 우리는 연결되어 있다 ··············· 232

에필로그: 당신의 마음은 오늘, 누구를 향해 있나요? ········ 226

1부

돌봄

— 인간 존재의 핵심이자
평등의 새로운 언어

평등의 사각지대, '돌봄'의 부재

시계는 밤 11시를 가리킵니다. 서울의 한 아파트, 거실에는 은은한 스탠드 조명만이 켜져 있습니다. 식기세척기가 조용히 돌아가고 있습니다. 얼마 전 새로 들인 공기 청정기가 내뿜는 쾌적한 공기가 거실을 감싸고 있습니다. 이 집의 안주인 민정 씨는 노트북을 무릎에 올린 채 내일 아침까지 보내야 할 업무 메일에 답장을 하고 있습니다.

그녀는 소위 '성공한 여성'입니다. 대기업 과장, 두 아이의 엄마. 그녀의 SNS는 동료들의 부러움을 사는 완벽한 일상으로 가득 차 있습니다. 오늘 저녁, 그녀는 퇴근 후 아이들이 씻는 것을 지켜보고 저녁을 차려 먹이고, 숙제를 봐주고, 잠자리에 들기 전 책을 읽어주었습니다. 아이들이 잠든 후에는 내일 아침에 먹을 된장국을 끓여두었고 세탁기에서 막 꺼낸 젖은 빨래를 건조기에 넣었으며, 아이들의 실내화 가방을 챙겼습니다. 남편 상우 씨는 저녁 식사 후 설거지를

'도와주고'는 "오늘 하루도 정말 힘들었네"라며 소파에 누워 스포츠 중계방송을 보고 있습니다. 그는 진심으로 자신이 할 만큼 했다고 생각합니다. 아내의 노고에 감사하며, "당신은 정말 대단해, 우리 집 슈퍼우먼이야"라는 칭찬도 잊지 않았습니다.

모든 것이 평화로워 보이는 이 완벽한 밤의 풍경 속에서, 오직 민정 씨만이 홀로 감지하는 미세한 균열이 있습니다. 바로 아무도 알아주지 않는 자신의 노동과 시간, 그리고 감정의 소모입니다. 남편의 칭찬은 고맙지만, 때로는 그 말이 자신을 '함께 책임지는 동업자'가 아닌 '칭찬받아 마땅한 유능한 하인'으로 만드는 것 같아 서글퍼집니다. 그녀가 지금 처리하고 있는 이 모든 일들은 과연 어디에서 온 것이며, 왜 그녀의 어깨만을 짓누르고 있는 것일까요?

이 보이지 않는 노동의 정체, 그것이 바로 이 장에서 우리가 밝은 조명 아래로 낱낱이 드러내고자 하는 '돌봄'입니다.

사회의 '다크매터', 돌봄의 투명성

천문학자들은 우주의 대부분이 우리가 볼 수도, 감지할 수도 없는 '암흑 물질(dark matter)'로 이루어져 있다고 말합니다. 그것은 별과 은하를 제자리에 붙잡아 두는 중력을 제공하지만, 그 자체는 결코 빛을 내지 않습니다. 우리 사회에서 '돌봄'이 바로 이 암흑 물질과 같습니다. 사회라는 시스템이 붕괴하지 않고 원활하게 작동하도록 만드는 가장 근원적인 힘이지만, 그 가치는 국내총생산(GDP)에 포함되지도 기업의 재무제표에 기록되지도 않으며 성공의 척도로 여겨지지도 않습니다.

우리는 돌봄을 너무나도 당연한 것, 특히 여성의 본성에서 비롯된 자연스러운 행위로 여겨왔습니다. 하지만 돌봄은 결코 저절로 생겨나는 것이 아닙니다. 그것은 누군가의 의식적인 노력과 시간, 그리고 감정의 투입을 요구하는 명백한 '노동'입니다. 이 장에서는 이 투명한 노동의 실체를 세 가지 차원으로 나누어 구체적으로 해부하고자 합니다.

:: **물리적 노동(The Physical Labor)**

이것은 가장 눈에 잘 띄는, 그러나 가장 평가절하되어 온 노동입니다. 청소, 빨래, 요리, 장보기, 쓰레기 분리수거 등 많은 남성들이 '나도 집안일 한다'고 말할 때 떠올리는 것이 바로 이 영역입니다. 하지만 이 물리적 노동조차도 '돕는' 수준에 머무는 경우가 많습니다. 주말에 한 번 청소기를 돌리거나, 일주일에 두세 번 설거지를 하는 것으로 자신의 의무를 다했다고 생각하지만 매일 반복되고 티 나지 않는 수많은 가사 노동의 총량에 비하면 빙산의 일각에 불과합니다.

:: **감정 노동(The Emotional Labor)**

사회학자 앨리 러셀 혹실드가 처음 제시한 이 개념은, 원래 항공기 승무원처럼 자신의 실제 감정과 무관하게 조직이 요구하는 감정을 연기해야 하는 노동을 지칭했습니다. 하지만 이제 그 의미는 확장되어 관계를 원만하게 유지하기 위해 자신의 감정을 관리하고 타인의 감정을 보살피는 모든 노력을 포함합니다.

- 예시 1: 시어머니의 기분 상하는 잔소리를 듣고도 웃으며 넘기는 며느리의 노력.
- 예시 2: 직장에서 부당한 일을 당하고 온 남편의 분노를 잠재우기 위해 몇 시간이고 그의 이야기를 들어주는 아내의 인내.
- 예시 3: 아이들의 싸움을 중재하고 각자의 마음을 다독여 화해시키는 엄마의 지혜.

이 감정 노동은 눈에 보이지 않기에 그 소모 값을 측정하기 어렵습니다. 하지만 이것은 당사자의 정신 에너지를 심각하게 고갈시키며, '번 아웃'의 주된 원인이 됩니다.

:: **인지 노동, 즉 정신적 부담**
   (The Cognitive Labor/Mental Load)

이것이 바로 돌봄 노동의 핵심이자, 가장 불평등하게 분배된 영역입니다. 가족이라는 프로젝트의 매니저(Project Manager) 역할입니다. 민정 씨가 밤 11시에 노트북을 켜고 있는 이유이기도 합니다.

- **재고 파악:** 집에 휴지, 치약, 샴푸, 세제가 얼마나 남았는지, 냉장고에 계란과 우유가 떨어지진 않았는지 상시 파악하는 일.
- **일정 관리:** 아이들의 예방 접종일, 학원 스케줄, 부모님의 생신, 각종 공과금 납부 마감일을 기억하고 챙기는 일.
- **관계 관리:** 아이 친구 엄마들과의 관계 유지, 명절 선물 리스트 작성 및 구매, 경조사 참석 및 부조금 관리 등.
- **미래 계획:** 계절이 바뀔 때 어떤 옷을 꺼내고 넣을지, 다음 휴가 계획은 어떻게 세울지, 아이의 교육 로드맵은 어떻게 짤지 등을 구상하는 일.

이 끝도 없는 '해야 할 일 목록'은 24시간 내내 뇌의 한구석에서 백그라운드 앱처럼 돌아가며 CPU를 차지합니다. 많은 남편들이 "말을 해야 알지!"라고 항변하지만 바로 그 '무엇을 해야 할지 생각하고 지시하는 일' 자체가 정신적 부담의 핵심입니다.

우리는 왜 이렇게 되었는가?

이러한 돌봄의 불평등은 하루아침에 생긴 것이 아닙니다. 농경 사회까지만 해도 남성과 여성은 '가정'이라는 공동 생산의 장에서 각자의 역할을 수행했습니다. 하지만 산업 혁명 이후 일터(공장, 사무실)와 가정이 분리되면서 남성은 돈을 버는 '생산자(Provider)'로, 여성은 가정을 돌보는 '양육자(Nurturer)'로 역할이 이분화되었습니다.

이러한 역할은 '남성은 이성적이고 강하며, 여성은 감성적이고 보살핌에 능하다'는 성 역할 고정관념에 의해 더욱 강화되고 심지어 낭만적으로 포장되기까지 했습니다. '현모양처'라는 이데올로기는 여성의 돌봄 노동을 숭고한 사랑의 발현으로 칭송했지만 그 이면에서는 여성의 경제적 자리와 사회적 성취 가능성을 억압하는 기제로 작동했습니다.

:: 돌봄으로부터 추방된 남자들의 고독

이 시스템의 가장 큰 피해자가 여성인 것은 분명하지만 남성 역시 돌봄의 부재로 인해 깊은 상처를 입었습니다. 남성들은 '돌봄으로부터 추방'되었습니다.

감정 표현의 거세: "남자는 태어나서 세 번만 우는 것이다."라는 말처럼, 남성들은 슬픔, 두려움, 불안과 같은 '약한' 감정을 표현하는 것을 금기시 당했습니다. 감정의 언어를 배우지 못한 남성들은 자신의 내면을 들여다보고 타인의 감정에 공감하는 능력이 퇴화했습니다.

관계 맺기의 서투름: 그들은 아내의 감정적 호소에 어떻게 반응해야 할지 몰라 당황하고, 자녀와 깊은 유대감을 형성하는 데 어려움을 겪습니다. 아이에게 사랑을 표현하는 방식이 장난감을 사주거

나 용돈을 주는 물질적인 것에 머무는 경우가 많습니다. 아이의 마음을 읽고 보듬어 주는 섬세한 돌봄의 언어를 구사하지 못하기 때문입니다.

성과 중심 사회에서의 소진: 오직 성과와 성공만이 남성성의 증거로 여겨지는 사회에서 그들은 끊임없이 경쟁하고 자신을 증명해야 한다는 압박에 시달립니다. 실패는 곧 남성성의 상실로 이어질지 모른다는 두려움 속에 그들은 진정한 안식과 위로를 경험하지 못한 채 외로운 섬이 되어갑니다.

빛을 비추는 것부터 시작하자

이 장에서 우리가 하려는 것은 남성을 비난하거나 여성을 피해자로 규정하는 것이 아닙니다. 오히려 우리 모두가 '돌봄의 부재'라는 시스템의 희생자임을 인정하자는 것입니다. 여성은 과도한 돌봄의 무게에 짓눌려 있고 남성은 돌봄의 기쁨과 의미로부터 소외되어 있습니다.

진정한 평등을 향한 첫걸음은 우리가 암흑 물질처럼 당연하게 여겼던 이 '돌봄 노동'의 실체를 인정하고 그 가치를 제대로 평가하며 밝은 빛 아래로 가져오는 것입니다. "오늘 당신의 하루를 가능하게 한 보이지 않는 돌봄은 무엇이었습니까?" 이 질문에 답할 수 있을 때, 비로소 우리는 기울어진 운동장의 진짜 원인을 직시하게 될 것입니다. 이제 다음 장에서는 돌봄이 결코 희생이나 약함이 아니라 우리를 얼마나 성숙하고 강하게 만드는 위대한 힘인가에 대해 이야기해 보려 합니다.

하이데거에서 여성주의 윤리까지

: 철학자들이 말하는 '마음 씀(sorge)'의 깊이

하이데거의 돌봄(sorge) – 양성평등 관점에서

:: 존재와 시간 속의 돌봄

하이데거는 인간을 자신의 존재 의미에 대해 질문하는 특별한 존재, '현존재(dasein)'라고 칭했습니다. 이는 우리가 단순히 세상에 던져져 살아가는 것이 아니라 자신의 삶과 존재 방식에 대해 끊임없이 고민하고 관계 맺는다는 의미를 담고 있습니다. 양성평등의 관점에서 볼 때 '현존재'로서의 인간은 남성 또는 여성이라는 성별에 국한되지 않는 보편적인 존재입니다. 즉, 남녀 모두 자신의 존재에 대해 질문하고 세상 속에서 다양한 방식으로 관계를 맺으며 살아가는 '현존재'로서의 특징을 공유한다는 것입니다.

하지만 현실에서 남성과 여성은 사회적 역할 기대와 고정관념 속에서 각기 다른 경험을 하며 자신의 존재를 드러냅니다. 예를 들면, 남성에게는 이성적이고 주체적인 모습이, 여성에게는 감성적이고 관계 지향적인 모습이 더 강조되는 경향이 있었습니다. 양성평등적인 시각은 이러한 성별화된 기대가 개인의 '현존재'로서의 다양한 가능성을 제한할 수 있다는 점을 지적합니다. 모든 개인이 성별의 틀을 넘어 자신의 고유한 방식으로 존재하고, 질문하고, 세상과 관계를 맺을 수 있는 자유로운 환경이 중요하다고 할 수 있습니다.

하이데거에게 '돌봄(sorge)'은 '현존재'의 가장 기본적인 존재 방식, 즉 우리 삶의 밑바탕을 이루는 것입니다. 우리가 무언가를 좋아하고 싫어하고, 걱정하고 기대하는 모든 마음의 움직임, 행동의 근저에는 '돌봄'이 자리하고 있다는 것입니다. 양성평등의 관점에서 '돌봄'을 이해할 때, 우리는 '돌봄'이라는 행위 자체가 성별 중립적일 수 있지만, 사회적으로 그 의미와 가치가 성별에 따라 다르게 부여되어 왔다는 점을 주목해야 합니다.

예를 들어 타인을 보살피고 감정을 공감하는 '돌봄'은 종종 여성의 고유한 특성으로 여겨져 왔고, 때로는 그 가치가 제대로 인정받지 못하기도 했습니다. 반대로 목표를 향해 노력하고 책임을 지는 모습은 남성적인 '돌봄'으로 인식되는 경향이 있습니다. 하지만 진정한 양성평등은 '돌봄'의 다양한 측면이 특정 성별에 국한되지 않고 모든 개인이 자신의 방식대로 '돌봄'을 실천하고 경험할 수 있도록 하는 것을 의미합니다. 남성도 섬세하게 타인을 배려할 수 있고 여성도 주체적으로 자신의 목표를 추구하며 돌볼 수 있어야 합니다. 우리가 삶 속에서 보이는 다양한 '돌봄'의 모습들을 성별이라는 렌즈로만 해석하는 것이 아니라 인간 존재의 풍부한 표현으로 이해하는 것이 중요합니다.

:: 돌봄의 세 가지 얼굴

하이데거는 '돌봄'의 세 가지 구조로 '앞서 있음', '이미 있음', '함께 있음'을 제시했습니다. 이 세 가지 측면 역시 양성평등의 관점에서 살펴보면 더욱 깊이 있는 논의가 가능합니다.

1) 미래에 대한 설렘: 앞서 있음

'앞서 있음'은 우리가 미래의 가능성을 생각하고 목표를 설정하며 나아가는 인간의 특징을 의미합니다. 양성평등의 관점에서 볼 때, 남성과 여성은 사회적 기대와 제약으로 인해 미래를 설계하고 추구하는 방식에서 차이를 보일 수 있습니다. 과거에는 남성에게 사회적 성공과 경력 발전이 더 강조되었고 여성은 가정과 육아를 중심으로 미래를 설계하는 경향이 있었습니다. 이러한 성별화된 기대는 개인의 '앞서 있음'의 가능성을 제한하고 각자의 잠재력을 온전히 발휘하지 못하게 만들 수 있습니다. 진정한 양성평등은 모든 개인이 성별에 상관없이 자신의 꿈과 목표를 자유롭게 설정하고 추구할 수 있는 사회를 지향해야 합니다. 여성도 자신의 커리어를 적극적으로 개발하고 사회적 성취를 이루는 것을 당연하게 여기고 남성도 가정과 육아에 적극적으로 참여하며 자신의 미래를 설계할 수 있어야 합니다.

2) 과거의 흔적과 현재의 나: 이미 있음

'이미 있음'은 우리가 선택하지 않았음에도 불구하고 특정한 환경과 경험 속에서 태어나 현재의 우리를 형성하는 과거의 영향을 의미합니다. 양성평등의 관점에서 보면, 남성과 여성은 성별에 따른 다른 과거의 경험을 할 수 있으며 이는 현재의 삶에 영향을 미칩니다. 예를 들어, 여성은 성차별적인 사회 구조 속에서 부당한 대우를 받거나, 자신의 능력을 제대로 인정받지 못하는 경험을 할 수 있습니다. 남성 또한 '남성다움'이라는 사회적 압력 속에서 감정을 억압하거나 특정한 역할 수행을 강요받는 경험을 할 수 있습니다. 이러한 성별화된 경험의 불평등성을 인식하고 모든 개인이 차별 없이 자신의 과거를 긍정적으로 수용하고 현재를 살아갈 수 있도록 노력해야 합니다.

3) 너와 나, 우리 함께: 함께 있음

'함께 있음'은 우리가 다른 사람들과 관계를 맺고 살아가는 사회적인 존재 방식을 의미합니다. 양성평등의 관점에서 볼 때 남성과 여성은 사회적 기대와 문화적 규범 속에서 관계 맺는 방식에 차이를 보일 수 있습니다. 전통적으로 여성은 공감 능력이 뛰어나고 타인을 배려하는 관계 지향적인 존재로 남성은 독립적이고 경쟁적인 존재로 묘사되는 경향이 있습니다.

하지만 이러한 성별화된 인식은 인간관계의 다양성을 제한하고 서로 다른 방식으로 관계를 맺는 사람들을 제대로 이해하지 못하게 만들 수 있습니다. 진정한 양성평등은 모든 개인이 자신의 성별과 관계없이 다양한 방식으로 타인과 소통하고 연대하며 함께 있을 수 있는 자유로운 환경을 조성하는 것을 목표로 합니다. 남성도 감정을 표현하고 타인에게 의지할 수 있으며 여성도 주체적으로 사회적 관계를 이끌어 갈 수 있어야 합니다.

:: 진짜 돌봄과 가짜 돌봄

하이데거가 이야기한 '돌봄'의 본래성과 비본래성은 양성평등의 관점에서 볼 때 더욱 의미심장하게 다가올 수 있습니다. 전통적으로 사회는 남성과 여성에게 특정한 역할과 기대를 강요해 왔고 이는 개인의 '본재적인' 삶의 방식을 가로막는 경우가 많았습니다.

1) 고정관념을 넘어선 '본래적 돌봄'

'본래적 돌봄'은 성별에 따른 고정관념이나 사회적 기대에 갇히지 않고 각 개인이 자신의 고유한 능력과 관심사를 존중하며 살아가는 것이라고 해석할 수 있습니다. 예를 들어, '남자는 이래야 한다.', '여자는 저래야 한다.'는 틀에서 벗어나 자신의 진정한 모습과 가능성을 탐색하고 실현하는 것입니다. 과거에는 남성에게는 강인함, 리더십, 경제적 능력이 강조되었고 여성에게는 순종, 배려, 가정적인 역할을 강조하는 경향이 있었습니다. 하지만 '본래적 돌봄'의 관점에서 보면 남성도 섬세하고 감성적일 수 있고 여성도 주체적으로 자신의 삶을 이끌어 갈 수 있는 존재가 될 수 있습니다.

중요한 것은 각 개인이 자신의 진정한 목소리에 귀 기울이고, 스스로 선택한 삶을 살아가는 것입니다. 예를 들어, 남성이 전통적인 남성성의 틀에서 벗어나 육아휴직을 선택하여 아이를 돌보는 것에 집중하거나, 여성이 전통적인 여성성의 틀에서 벗어나 사회에서 자신의 능력을 펼치며 리더십을 발휘하는 것은 모두 '본래적인' 자신의 모습을 찾아가는 '돌봄'의 방식이라고 볼 수 있습니다.

2) 성별 고정관념에 갇힌 '비본래적 돌봄'

반대로 '비본래적 돌봄'은 성별에 따라 사회적으로 강요되는 역할이나 기대에 휩쓸려 자신의 진정한 모습과는 다른 삶을 살아가는 것이라고 볼 수 있습니다. 예를 들어, 남자는 무조건 힘든 일을 해야 한다는 사회적 압력 때문에 자신의 예술적인 재능을 외면하거나, 여자는 당연히 집안일을 잘해야 한다는 기대 때문에 자신의 직업적인 꿈을 포기하는 것은 모두 '비본래적인' 삶의 방식이라 할 수 있습니다. 이러한 '비본래적 돌봄'은 개인의 잠재력을 억압하고 불평등한 사회구조를 더욱 강화하는 결과를 낳을 수 있습니다.

양성평등 사회는 모든 개인이 성별에 상관없이 자신의 고유한 가능성을 마음껏 펼치고 스스로 선택한 삶을 살아갈 수 있는 사회입니다. 하이데거의 '본래적 돌봄' 개념은 바로 이러한 사회를 만들어 가는 데 중요한 시사점을 던져줍니다. 우리가 성별이라는 틀에 갇히지 않고, 진정으로 '나'다운 삶을 돌보는 것이야말로 더욱 평등하고 자유로운 사회를 만드는 첫 걸음이 될 것입니다.

:: 시간 속에 흐르는 돌봄 이야기

하이데거는 '돌봄'이라는 우리의 존재 방식이 단순히 현재에 머무는 것이 아니라 과거와 미래를 아우르는 시간성이라는 구조 속에서 이해되어야 한다고 주장했습니다. 우리가 미래를 걱정하고(앞서 있음) 과거의 경험에 영향을 받고(이미 있음) 현재 다른 사람들과 함께 살아가는(함께 있음) 이 모든 것이 시간이라는 흐름 속에서 나타나는 '돌봄'의 다양한 모습이라는 것입니다.

시간은 어떻게 '돌봄'과 아우를까요? 우리가 보통 시간을 생각할 때는 흘러가는 시계의 바늘처럼 과거에서 현재를 거쳐 미래로 쭉 이어지는 선형적인 개념으로 생각하기 쉽습니다. 하지만 하이데거는 현존재의 시간성은 이러한 단순한 흐름과는 다르다고 보았습니다

다. 오히려 미래를 향한 기투(entwurf), 과거로부터 던져진 사실성(geworfenheit), 그리고 현재의 마주침(begegnung)이라는 세 가지 '탈자성(ekstase)'이 서로 얽혀 만들어내는 역동적인 것이라고 설명했습니다.

· **미래(앞서 있음의 시간)**: 우리는 항상 미래의 가능성을 향해 자신을 던집니다. 어떤 사람이 될지, 무엇을 이룰지 꿈꾸고 계획합니다. 이러한 미래를 향한 '열림'이 시간성의 중요한 한 축을 이룹니다. 마치 씨앗이 자라서 꽃을 피우려는 잠재력을 품고 있는 것과 같이요.

· **과거(이미 있음의 시간)**: 우리는 우리가 선택하지 않았던 과거의 상황 속에 던져져 있습니다. 우리의 성격, 재능, 환경 등 많은 것들이 이미 주어진 것입니다. 이 과거는 현재의 우리를 규정하는 중요한 토대가 됩니다. 마치 나무의 뿌리처럼 과거는 현재의 성장을 지탱하는 기반입니다.

· **현재(함께 있음의 시간)**: 우리는 현재 다른 사람들과 함께 세상 속에서 다양한 존재자들과 마주치며 살아갑니다. 친구들과 웃고 떠들거나 어떤 문제에 대해 함께 고민하는 현재의 경험들은 우리의 '돌봄'을 구체적으로 드러내는 순간들입니다. 마치 나뭇잎들이 햇빛을 받으며 서로 영양을 주고받는 것처럼요. 현재는 우리의 관계 속에서 생생하게 펼쳐집니다.

탈자성(Entschlossenheit)은 현존재(Dasein)가 자신의 본래적 존재 가능성을 향해 나아가는 자기 초월적인 행위를 의미합니다. 이는 일상적인 존재 방식을 벗어나 죽음에 대한 사유를 통해 자신의 존재 의미를 직면하고 선택하는 것을 포함합니다. 이 세 가지 시간의 '탈자'는 서로 분리된 것이 아니라 끊임없이 서로 영향을 주고받으며 우리의 '돌봄'을 만들어 냅니다. 우리는 과거의 경험을 바탕으로 현재를 살아가고 미래를 계획하면서 현재의 행동을 결정합니다.

진정한 시간의 의미를 찾아서

하이데거는 우리가 이러한 시간성의 본질을 제대로 이해할 때, 비로소 본래적인 '돌봄'에 가까워질 수 있다고 보았습니다. 피할 수 없는 우리의 유한성, 즉 죽음을 인정하고 주어진 시간 속에서 진정으로 의미 있는 삶을 살아가려는 태도가 중요하다고 강조합니다. 단순히 흘러가는 시간 속에서 하루하루를 피상적으로 살아가는 것이 아니라 자신의 과거와 미래를 진지하게 성찰하고 현재의 관계 속에서 충실하게 살아가는 것이야말로 하이데거가 말하는 진정한 시간의 경험이며, 이는 곧 본래적인 '돌봄'과 연결된다고 할 수 있습니다. 마치 여행자가 자신의 여정을 되돌아보고, 앞으로 나아갈 길을 계획하며, 현재의 풍경을 만끽하는 것처럼 우리도 우리의 시간성을 깊이 있게 경험함으로써 더욱 충실하고 의미 있는 삶을 살아갈 수 있습니다.

다른 철학자들의 돌봄

:: 고대 철학에서의 돌봄

고대 철학에서도 '돌봄'과 유사한 개념들을 찾아볼 수 있습니다. 아리스토텔레스의 '우애(philia)'나 스토아 철학의 '의무' 등이 그것입니다. 하지만 당시의 사회적 맥락 안에서 여성의 역할은 제한적이었기 때문에 이러한 논의들 역시 남성 중심적인 시각을 반영하는 경우가 많습니다.

1) **아리스토텔레스의 우애:** 아리스토텔레스는 우애를 세 가지 유형(쾌락의 우애, 이익의 우애, 완전한 우애)으로 나누고, 특히 덕(arete)을 바탕으로 한 완전한 우애를 강조했습니다. 하지만 당시 그리스 사회에서는 시민권을 가진 남성들 사이의 관계를 중심으로 논의가 이루어졌고 여성이나 노예와의 관계는 주변적인 것으로 다루어졌습니다. 양성평등의 관점에서 본다면, 아리스토텔레스의 우애 개념은 당시 사회의 성별 불평등을 반영하며, 여성의 우정이나 관계 맺음의 방식을 충분히 포괄하지 못했다는 한계가 있습니다.

2) **스토아 철학의 의무와 덕:** 스토아 철학은 이성적인 삶과 덕을 강조하며, 개인의 의무를 중요하게 생각했습니다. 모든 인간은

이성을 가지고 있다는 점에서 평등성을 강조했지만 실제 사회에서는 여성의 공적인 역할이 제한적이었기 때문에 스토아 철학의 논의 역시 남성 중심적으로 전개되는 경향이 있습니다. 여성의 의무나 덕은 주로 가정에서 역할과 관련하여 논의되는 경우가 많았습니다. 양성평등의 관점에서 볼 때, 스토아 철학의 의무 개념은 당시 사회의 성별 분업을 반영하며, 여성의 사회 참여나 공적인 역할 수행에 대한 논의가 부족했다고 지적할 수 있습니다.

:: **윤리학에서의 돌봄**

현대에 들어서 '돌봄'은 윤리학의 중요한 주제로 부상했으며 특히 여성주의 윤리학의 관점에서 '배려 윤리학(Ethics of Care)'이 등장하면서 성별화된 돌봄의 경험과 가치에 대한 깊이 있는 논의가 이루어졌습니다.

1) 배려 윤리학: 캐롤 길리건과 넬 노딩스 등의 학자들은 전통적인 정의와 권리 중심의 윤리학이 남성 중심적인 사고방식을 반영한다고 비판하며, 관계, 책임, 공감, 돌봄을 핵심 가치로 하는 배려 윤리학을 제시했습니다. 배려 윤리학은 오랫동안 여성들이 주로 수행해 온 돌봄 노동의 중요성을 강조하고, 도덕적 판단의 근거를 추상적인 원칙이 아닌 구체적인 관계 속에서 찾으려고 노력합니다. 양성평등의 관점에서 배려 윤리학은 그동

안 사회적으로 저평가되어 왔던 여성들의 돌봄 경험을 윤리적 논의의 중심으로 가져왔다는 점에서 매우 중요한 의미를 지닙니다. 하지만 일각에서는 배려 윤리학이 여전히 여성에게 '돌봄'이라는 특정 역할을 고정화하는 것은 아닌지에 대한 비판적인 시각도 존재합니다.

2) **공동체주의 윤리학**: 공동체주의 윤리학 역시 개인보다는 공동체의 가치와 관계를 중요하게 생각하며, 돌봄의 중요성을 강조합니다. 하지만 공동체주의 역시 때로는 전통적인 성별 역할을 옹호하거나, 개인의 자율성보다는 공동체의 조화를 우선시하는 경향이 있어 양성평등적인 관점에서 비판적으로 검토될 필요가 있습니다.

:: 실존주의 철학에서의 돌봄(하이데거 외)

하이데거 외 다른 실존주의 철학자들도 인간 존재의 근본적인 조건으로서의 '돌봄'과 유사한 개념들을 논의했습니다. 이들의 논의를 양성평등의 관점에서 살펴보면, 때로는 성별화된 경험을 간과하거나, 보편적인 인간 존재에 초점을 맞추어 성별 차이를 충분히 고려하지 못했다는 점을 발견할 수 있습니다.

1) **사르트르의 책임과 불안**: 사르트르는 인간의 자유와 책임을 강조하며, 불안을 인간 존재의 근본적인 감정으로 보았습니다. 그

의 논의는 모든 개인에게 적용될 수 있는 보편적인 인간 경험에 초점을 맞추었지만 여성들이 사회구조 속에서 경험하는 특수한 불안이나 책임의 무게에 대해서는 충분히 논의되지 않았다는 비판이 있습니다.

2) **키르케고르의 불안과 자기**: 키르케고르 역시 불안을 중요한 철학적 주제로 다루었으며, 진정한 '자기'를 찾는 과정을 강조했습니다. 그의 논의 또한 보편적인 인간의 실존에 초점을 맞추었지만 여성이 '자기'를 형성해 나가는 과정에서 겪는 사회적 제약이나 특수한 경험들에 대한 고려는 부족했다는 지적이 있습니다.

:: 현상학에서의 돌봄

현상학은 주관적인 경험의 본질을 탐구하는 철학적 방법론입니다.

후설의 '공감'이나 메를로 퐁티의 '몸'에 대한 논의는 타인과의 관계나 우리의 신체적 경험이 '돌봄'과 어떻게 연결되는지 이해하는 데 도움을 줄 수 있지만, 이 역시 양성평등적인 관점에서 비판적으로 검토될 필요가 있습니다.

1) **후설의 공감**: 후설은 타인의 경험을 이해하는 능력인 공감을 현상학적으로 분석했습니다. 공감은 타인에 대한 '돌봄'의 중요한 토대가 될 수 있지만 실제로 우리가 타인을 공감할 때 성별, 사

회적 지위 등 다양한 요인이 영향을 미칠 수 있다는 점을 고려해야 합니다. 예를 들어 여성의 감정에 대한 공감과 남성의 감정에 대한 공감이 사회적으로 다르게 이루어질 수 있다는 점을 간과해서는 안 됩니다.

2) **메를로 퐁티의 몸:** 메를로 퐁티는 우리의 몸이 세계를 경험하고 타인과 관계 맺는 중심이라고 보았습니다. '몸'은 '돌봄'의 실천에 있어서도 중요한 역할을 하지만 사회적으로 여성의 몸과 남성의 몸에 부여되는 의미가 다르고, 경험 또한 다를 수 있다는 점을 고려해야 합니다. 예를 들어 여성의 신체에 대한 사회적 통제나 성적 대상화는 여성의 '돌봄' 경험에 독특한 영향을 미칠 수 있습니다.

비교와 성찰

:: 하이데거 돌봄 개념의 독특성

하이데거의 '돌봄(sorge)' 개념은 다른 철학자들의 '돌봄' 또는 유사한 개념들과 비교했을 때 몇 가지 독특한 특징을 지닙니다. 그리고 이러한 독특성은 양성평등적인 논의에도 중요한 시사점을 던져 줄 수 있습니다.

1) **존재론적 기초로서의 돌봄:** 하이데거에게 '돌봄'은 단순한 윤리적 의무나 감정이 아니라 인간 현존재의 존재 자체를 규정하는 근본적인 구조입니다. 이는 배려 윤리학처럼 특정 행위나 관계에 초점을 맞추는 것과는 다른 차원입니다. 양성평등의 관점에서 보면, 하이데거의 존재론적 돌봄은 성별에 관계없이 모든 인간 존재의 기본적인 특성이라는 점을 강조합니다. 즉, 남녀 모두 '돌봄'의 구조 속에서 자신의 존재 방식을 드러낸다는 것입니다. 하지만 하이데거가 이 존재론적 구조가 성별에 따라 어떻게 다르게 경험될 수 있는지 구체적으로 논의하지 않았다는 점은 아쉬움을 남깁니다.

2) **미래 지향성:** 하이데거의 '돌봄'은 '앞서 있음', 즉 미래의 가능성을 향해 자신을 던지는 특징을 중요하게 여깁니다. 이는 전통적으로 남성에게 강조되었던 진취성과 연결될 수 있지만 양성평등적인 관점에서는 여성 역시 자신의 미래를 적극적으로 설계하고 추구하는 존재임을 강조하는 데 활용될 수 있습니다. 동시에 사회적으로 여성에게 부과되었던 역할 때문에 자신의 미래를 충분히 기투(企投)하지 못했던 과거를 성찰하고 이러한 제약이 어떻게 극복될 수 있는지 고민하는 계기를 제공합니다.

3) **죽음을 향한 존재:** 하이데거는 인간을 '죽음을 향한 존재'로 규정하며 유한성을 자각하는 것이 본래적인 '돌봄'의 중요한 계기

라고 보았습니다. 이러한 통찰은 성별과 관계없이 모든 인간에게 적용될 수 있는 보편적인 진리입니다. 하지만 사회적으로 여성들이 자신의 유한성보다는 타인을 돌보는 역할에 더 집중하도록 강요받는 경향이 있었다는 점을 고려할 때 여성 스스로 자기 존재의 유한성을 인정하고 자신의 삶을 주체적으로 돌보는 것이 중요합니다.

:: 돌봄의 다양한 측면

'돌봄'은 다양한 측면을 지니며, 이러한 다양성은 양성평등적인 논의를 더욱 풍부하게 만들어 줍니다.

1) **관계적 돌봄 vs 존재론적 돌봄:** 배려 윤리학에서 강조하는 타인과의 관계 속에서의 '돌봄'은 하이데거의 존재론적 '돌봄'과는 다른 강조점을 가집니다. 관계적 돌봄은 공감, 책임감, 배려와 같은 구체적인 행위를 중요하게 여기는 반면, 존재론적 돌봄은 인간 존재의 근본적인 구조를 탐구합니다. 양성평등의 관점에서 보면 우리는 인간 존재의 근본적인 차원에서 '돌봄'의 의미를 이해하는 동시에 현실 속에서 성별에 따라 다르게 나타나는 관계적 돌봄의 양상과 그 가치를 함께 논의해야 합니다. 예를 들어 여성들이 주로 담당해 온 관계적 돌봄의 중요성을 인정하고 사회적으로 정당하게 평가하는 것이 중요합니다.

2) 정서적 돌봄 vs 실천적 돌봄: '돌봄'은 마음에서 우러나오는 정서적인 측면과, 실제로 행동으로 나타나는 실천적인 측면을 모두 포함합니다. 전통적으로 여성에게는 정서적 돌봄이, 남성에게는 실천적 돌봄이 더 강조되는 경향이 있었지만 양성평등적인 관점에서는 이러한 이분법적인 사고를 넘어서 남녀 모두 정서적 및 실천적인 돌봄 능력을 균형 있게 발전시키는 것이 중요합니다.

:: 현대 사회에서의 돌봄의 의미와 과제

현대 사회에서 '돌봄'은 더욱 중요한 의미를 가지며, 동시에 다양한 과제를 안고 있습니다. 양성평등적인 관점에서 이러한 의미와 과제를 살펴보겠습니다.

1) 돌봄 노동의 가치: 저출산 고령화 사회에서 돌봄 노동의 중요성은 점점 더 커지고 있지만 여전히 여성에게 과도하게 집중되어 있고, 경제적으로도 제대로 평가받지 못하는 경우가 많습니다. 양성평등 사회를 위해서는 돌봄 노동의 사회적 가치를 인정하고, 남녀 모두가 함께 책임을 분담하는 문화가 조성되어야 합니다. 또한, 돌봄 노동에 대한 정당한 보상이 이루어져야 합니다.

2) 기술 발전과 돌봄의 미래: 인공지능과 로봇 기술의 발전은 미래의 돌봄 방식에 큰 변화를 가져올 수 있습니다. 이러한 기술

발전이 인간적인 '돌봄'의 가치를 훼손하지 않으면서 돌봄 노동의 부담을 줄이고 효율성을 높이는 방향으로 이루어져야 합니다. 또한, 기술 발전의 혜택이 특정 성별에 편중되지 않고 모두에게 공평하게 돌아갈 수 있도록 사회적 논의와 정책 마련이 필요합니다.

결론적으로 하이데거의 '돌봄' 개념은 인간 존재의 근본적인 이해를 제공하며 이는 양성평등적인 논의의 중요한 출발점이 될 수 있습니다. 하지만 그의 논의가 성별화된 경험을 충분히 포괄하지 못한다는 한계를 인식하고 다른 철학자들의 다양한 '돌봄' 관점과 함께 현대 사회의 맥락 속에서 양성 평등적인 시각으로 '돌봄'의 의미와 가치를 재해석하고 실전해 나가는 것이 중요합니다.

양성평등의 시각으로 다시 보는 '돌봄'

지금까지 우리는 하이데거의 독특한 '돌봄' 개념을 중심으로 여러 철학자들의 다양한 관점을 살펴보았습니다. 하이데거는 '돌봄'을 인간 존재의 가장 근본적인 구조를 파악하며 우리의 미래를 향한 기투, 과거로부터의 던져짐, 그리고 현재의 함께 있음 속에서 그 의미를 찾았습니다. 다른 철학자들의 논의를 통해 우리는 '돌봄'이 윤리적 책임, 관계, 공감 등 다양한 측면을 지니고 있음을 알 수 있었습니다. 특히 배려 윤리학은 오랫동안 여성의 영역으로 여겨졌던 '돌봄'

의 가치를 윤리적 논의의 중심으로 가져오며 중요한 기여를 했습니다. 이러한 논의를 양성평등의 관점에서 다시 살펴보았을 때, 우리는 다음과 같은 점들을 깨달을 수 있습니다.

1) 하이데거의 존재론적 '돌봄'은 성별과 관계없이 모든 인간에게 적용되는 근본적인 특성이지만 그 경험은 사회적 성별 역할과 기대에 따라 다르게 나타날 수 있습니다.
2) 배려 윤리학은 여성의 '돌봄' 경험의 중요성을 부각했지만 '돌봄'을 특정 성별의 고유한 속성으로 고정화하는 것에 대한 비판적 성찰도 필요합니다.
3) 현대 사회에서 '돌봄 노동'은 그 중요성에도 불구하고 여전히 제대로 평가받지 못하고 있으며 성별 불균형의 문제를 안고 있습니다. 결국 진정한 양성평등 사회는 남녀 모두가 '돌봄'의 다양한 측면을 균형 있게 발전시키고, 서로 존중하며 함께 '돌보는' 사회입니다. 이는 하이데거가 강조한 '본래적인 돌봄' 즉 자신의 진정한 가능성을 인정하고 주체적으로 살아가는 태도와도 맞닿아 있습니다. 성별이라는 틀에 갇히지 않고, 각 개인이 자신의 고유한 방식으로 자신과 타인 그리고 세계를 '돌보는' 것이야말로 더욱 정의롭고 풍요로운 사회를 만들어 가는 길입니다.

돌봄은 약함이 아니라
가장 성숙한 힘이다

어느 CEO의 눈물과 회사의 성장

박화진(가명) 대표는 업계에서 '독사'로 불리는 인물이었습니다. 냉철한 판단력, 무서운 추진력으로 단기간에 회사를 크게 성장시켰지만, 그 과정에서 수많은 직원이 번 아웃으로 쓰러져 나가거나 그의 비인간적인 스타일에 질려 회사를 떠났습니다. 그에게 '돌봄'이나 '공감' 같은 단어는 나약한 패배자들의 변명처럼 들렸습니다. 그러던 어느 날, 그는 건강검진에서 심각한 심장 질환 경고를 받았습니다. 의사는 그에게 "이대로 가다가는 죽을 수도 있습니다. 일뿐만 아니라 당신 자신을 '돌봐야' 합니다."라고 말했습니다. 죽음의 공포 앞에서 박 대표는 처음으로 자신의 삶을 돌아보았습니다. 그는 평생을 '강한 남자', '유능한 리더'라는 갑옷을 입고 살아왔지만, 그 갑옷 속에는 외롭고 지친 자신이 있었을 뿐입니다. 그는 의사의 권유로 명상을 시작했고 자신의 감정을 들여다보는 법을 배우기 시작했습니다. 몇 달 후, 회사 전체 회의에서 그는 직원들 앞에 섰습니다. 그리고 자신의 건강 문제와 그동안의 과오에 대해 솔직하게 고백하며 눈물을 보였습니다.

"여러분에게 강한 모습만 보이려 했습니다. 하지만 저도 약하고 두려울 때가 많은 사람이었습니다. 미안합니다."

직원들은 충격에 빠졌습니다. 하지만 그 충격은 이내 깊은 감동과 신뢰로 바뀌었습니다. 리더의 취약성 고백은 조직의 문화를 바꾸는 기폭제가 되었습니다. 직원들은 더 이상 실수를 두려워하지 않고 자유롭게 의견을 내기 시작했고 부서 간의 벽이 허물어졌습니다. 놀랍게도 그 후 회사의 실적은 이전보다 훨씬 가파르게 성장했습니다. 박 대표의 눈물은 약함의 상징이 아니었습니다. 그것은 자신과 조직을 살리는 가장 용기 있고 성숙한 '돌봄'의 시작이었습니다.

돌봄은 '자기 파괴적 희생'이 아니다

우리는 오랫동안 '돌봄'을 자기희생과 동일시했습니다. 자식을 위해 자신의 모든 것을 내어주는 어머니의 모습, 상대를 위해 자신을 버리는 순애보, 이러한 이미지는 돌봄을 숭고하게 만들었지만, 동시에 그 안에 내재된 '자기 파괴적' 속성을 간과했습니다. 나를 돌보지 않는 돌봄은 결국 주는 사람과 받는 사람 모두를 병들게 하는 독이 될 수 있습니다. 그것은 상호 존중과 연결이 아니라 일방적인 의존계에 건강한 경계선을 긋는 것입니다. 이는 나 자신의 가치와 시간을 존중하는 가장 기본적인 행위입니다. 특히 '착한 여자 콤플렉스'나 '희생하는 엄마' 역할에 익숙한 여성들에게 거절은 죄책감을 동반하는 힘든 일입니다. 하지만 나의 경계선을 분명히 할 때 타인도 나를 존중하게 되며 비로소 지속 가능한 관계가 시작됩니다.

2) **'자기 자비(self-compassion)'라는 백신:** 심리학자 크리스틴 네프는 실패와 고통 앞에서 스스로를 비난하는 대신 따뜻하게 보듬는 '자기 자비'의 중요성을 강조합니다. 자기 자비는 세 가지 요소로 이루어집니다.

- 자기 친절(self-kindness): 실수를 저질렀을 때 "난 역시 안돼"라며 채찍질하는 대신 가장 친한 친구를 위로하듯 "괜찮아, 그럴 수 있어. 힘들었겠다."라고 스스로에게 말해주는 것입니다.
- 보편적 인간성(common humanity): 나만 이런 고통을 겪는 것이 아니라 실패와 불완전함은 모든 인간이 공유하는 보편적인 경험임을 인식하는 것입니다. 이는 고립감에서 벗어나 타인과 연결되어 있다는 감각을 줍니다.
- 마음 챙김(mindfulness): 자신의 고통스러운 감정을 억압하거나 과장하지 않고 있는 그대로 알아차리고 관찰하는 것입니다. "아, 내가 지금 불안함을 느끼고 있구나."라고 알아차리는 것만으로도 감정의 파도에 휩쓸리지 않을 수 있습니다.

자기 자비는 실패에 대한 면역력을 키워주는 가장 강력한 심리적 백신입니다.

두 번째 힘: 타인을 돌보는 지혜
(The Wisdom to Care for Others)

나를 돌볼 줄 아는 사람은 타인을 더 지혜롭게 돌볼 수 있습니다. 이때의 돌봄은 더 이상 감정적 소모나 희생이 아니라 상호 성장을 이끄는 '연결의 기술'이 됩니다.

1) **'공감적 고통'과 '연민'의 차이:** 우리는 흔히 공감을 상대의 감정을 똑같이 느끼는 것이라 생각합니다. 친구가 슬퍼하면 나도 똑같이 슬픔에 빠져 허우적거리는 것. 이것을 '공감적 고통(Emathic Distress)'이라 합니다. 이는 결국 함께 소진되는 결과를 낳습니다. 진정한 돌봄은 '연민(Compassion)'에서 나옵니다. 연민은 상대의 고통을 이해하고 그가 잘되기를 바라는 따뜻한 마음이지만 그의 감정에 함몰되지는 않는 것입니다. 즉, 그의 슬픔의 강에 함께 빠져 익사하는 것이 아니라, 강둑에 서서 그에게 손을 내밀거나 튜브를 던져주는 것과 같습니다. 이 명확한 거리감이 나를 지키면서도 상대를 효과적으로 도울 수 있게 합니다.

2) '권한 위임'으로서의 돌봄: 진정한 돌봄은 상대의 문제를 내가 해결해 주는 것이 아니라 상대가 스스로 문제를 해결할 힘이 있음을 믿고 지지해 주는 것입니다. 이는 상대의 잠재력에 대한 깊은 신뢰이며 그에게 '권한을 위임'하는 행위입니다. 아이가 숙제를 어려워할 때 답을 알려주는 대신, 스스로 답을 찾을 수 있도록 힌트를 주거나 격려하는 것이 좋은 예입니다. 이는 상대를 미숙한 존재가 아닌 동등한 파트너로 존중하는 태도의 발현입니다.

세 번째 힘: 공동체를 돌보는 연대

(The Solidrity to Care for the Community)

돌봄은 개인적인 관계를 넘어 사회 전체로 확정될 때, '연대'라는 이름의 강력한 힘이 됩니다. 돌봄의 힘은 개인적인 관계를 넘어 우리가 발 딛고 사는 공동체 전체로 확장될 때 비로소 완성됩니다. "한 아이를 키우려면 온 마을이 필요하다"는 아프리카 속담처럼 한 사람이 온전한 개인으로 서기 위해서는 서로가 서로에게 기댈 수 있는 든든한 사회적 안전망이 필요합니다.

몇 해 전 제가 살던 동네의 작은 공원에 있던 낡은 벤치가 치워진 적이 있습니다. 위험하다는 민원 때문이었습니다. 그런데 며칠 뒤 몇몇 주민들이 직접 새로운 벤치를 만들어 와서 설치했습니다. 행정 절차를 따지자면 불법일 수도 있는 일이었습니다. 하지만 그 벤치는 곧 동네의 명물이 되었습니다. 할머니들은 그곳에 앉아 손주들 재롱을 보며 담소를 나누셨고 퇴근길의 아빠들은 잠시 앉아 숨을 돌렸으며 아이들은 그 벤치를 놀이터 삼아 놀았습니다. 누가 시키지도 않았지만 '우리 동네에 어르신들이 편히 쉴 곳이 필요하다'는 마음, '아이들이 안전하게 놀 공간이 있었으면 좋겠다'는 마음이 모여 만들어 낸 작은 변화였습니다. 이것이 바로 공동체를 돌보는 마음입니다.

공동체 돌봄은 거창한 일이 아닙니다. 이웃에게 먼저 인사를 건네고 아파트 경비 아저씨에게 따뜻한 음료 한 잔을 건네는 작은 친절. 직장에서 새로 온 동료가 잘 적응하도록 셔츠를 걷어붙이고 도와주는 배려, 사회적 약자들의 목소리에 귀 기울이고, 그들의 입장을 대변하는 글에 '좋아요' 하나를 더 누르는 작은 연대. 이 모든 것이 우리가 속한 공동체를 더욱 따뜻하고 안전한 곳으로 만드는 돌봄의 실천입니다.

나 혼자 잘 사는 것을 넘어, '우리'가 함께 행복한 세상을 꿈꾸는 마음. 나의 작은 관심과 행동이 누군가에게는 절망의 순간을 버티는 힘이 될 수 있다는 믿음. 이러한 마음이 연결될 때 우리는 비로소 젠더갈등이나 세대 갈등과 같은 분열의 언어를 넘어 서로가 서로에게 든든한 버팀목이 되어주는 '돌봄의 공동체'를 만들어 갈 수 있습니다.

가장 강한 자는 돌볼 줄 아는 사람이다

우리는 이제 '힘'에 대한 낡은 사전을 덮을 때가 되었습니다. 진정으로 강한 사람은 자신의 약함을 드러낼 용기가 있는 사람이며, 타인의 아픔에 기꺼이 자신의 마음 한편을 내어줄 줄 아는 사람입니다. 나 자신을 온전히 돌봄으로써 단단한 내면을 다지고 그 힘으로 타인과 건강하게 연결되며, 우리가 속한 공동체를 더 나은 곳으로 만들기 위해 기꺼이 손을 내미는 사람. 이것이 바로 돌봄이 가진 성숙한 힘의 전모입니다. 이것은 특정 성별에 부여된 역할이 아니라 우리 모두가 배우고 연마해야 할 새로운 시대의 상존 기술이자, 가장 고귀한 인간의 능력입니다.

'마음 씀'의 언어를 배우다
: 경청, 인정, 기다림 기술

관계를 망치는 가장 흔한 대화법

명절을 앞두고 시골에 내려가는 차 안. 아내는 몇 시간째 운전대를 잡고 있고 남편은 조수석에서 스마트폰 게임에 열중하고 있습니다. 지루함을 느낀 남편이 무심코 말합니다. "차가 왜 이렇게 막히지? 아까 그 길로 들어오지 말았어야지." 아내는 순간 화가 치밀어 오릅니다. "그럼 당신이 운전하든가! 옆에서 길이라도 좀 찾아주면 어디 덧나?" 시작은 사소한 불평이었지만 대화는 순식간에 과거에 대한 비난과 인신공격으로 번집니다. 즐거워야 할 귀성길은 차가운 침묵과 분노로 얼룩집니다.

이런 경험, 낯설지 않으시죠? 우리는 매일 수많은 말을 주고받지만 정작 그 말이 어떻게 관계를 만들고 또 파괴하는지에 대해서는 무지한 경우가 많습니다. 우리는 외국어를 배우기 위해 학원에 다니고 돈을 쓰면서도 정작 내 삶의 행복을 좌우하는 '관계의 언어'를 배우는 데는 인색합니다. 언어는 단순히 생각을 전달하는 도구가 아닙니다. 언어는 우리의 세계를 창조합니다. 비난의 언어는 전쟁의 세계를, 돌봄의 언어는 평화의 세계를 만듭니다.

이 장에서는 우리를 전쟁이 아닌 평화의 세계로 이끌어줄 '마음 씀의 언어'를 세 가지 구체적인 기술을 통해 함께 연습해 보고자 합니다.

:: 1단계 기술: 듣기
– 판단의 소음을 끄고 존재 주파수를 맞추다

대화의 가장 기본은 '듣기'입니다. 하지만 대부분 사람은 듣는 척할 뿐, 실제로는 자신의 머릿속에서 할 말을 준비하거나 상대의 말을 판단하고 평가하느라 바쁩니다. 이것은 듣기가 아니라 내 차례를 기다리는 '소음 가득한 침묵'일 뿐입니다. 진정한 듣기는 내 안의 모든 소음을 끄고 오직 상대방이라는 '존재의 주파수'에 나를 맞추는 지극히 의식적이고 능동적인 행위입니다.

1) 듣기를 방해하는 4가지 도둑: 우리의 귀를 막는 대표적인 도둑들입니다.
- 조언 도둑(The Advisor): 상대방의 말이 끝나기도 전에 해결책을 제시하려 듭니다. "그럴 땐 이렇게 해봐." 상대방은 조언이 아니라 공감을 원할 때가 더 많다는 사실을 망각합니다.

- **평가 도둑(The Judge):** 자신의 경험과 잣대로 상대의 말을 끊임없이 판단합니다. "네가 잘못 했네.", "그건 네가 예민한 거야."
- **경쟁 도둑(The Competitor):** 상대의 고통에 공감하기보다, "나는 더 힘든 일도 겪었어."라고 자신의 경험을 꺼내놓으며 대화의 주도권을 뺏어 옵니다.
- **해석 도둑(The Analyst):** 상대의 말 이면에 숨은 의도를 제멋대로 분석하고 해석합니다. "네가 지금 그렇게 말하는 건, 사실은 ~을 원하는 거지?"

이 도둑들을 내 안에서 발견하고 멈추는 것이 진정한 듣기의 시작입니다.

2) '관대한 듣기(Generous Listening)'의 실천법

- **몸으로 듣기:** 상대방을 향해 몸을 기울이고 부드러운 눈 맞춤을 유지하며 고개를 끄덕여 주세요. 스마트폰을 내려놓는 것은 기본 중의 기본입니다. 당신의 몸짓은 "나는 지금 온전히 당신에게 집중하고 있습니다."라는 가장 강력한 메시지입니다.
- **감정의 파도타기:** 상대가 사용하는 단어 너머에 있는 감정의 파도를 느껴보세요. '화'라는 단어 뒤에는 '서운함'이나 '두려움'이 숨어 있을 수 있습니다. "정말 화가 났구나"를 넘어 "그 말을 들었을 때 정말 서운했겠다."라고 말해줄 때, 상대는 깊은 이해를 받는다고 느낍니다.

- 반영적 경청: 상대방의 말을 당신의 언어로 바꾸어 되물어 주는 기술입니다. "그러니까 내가 이해하기로는, 상사분이 노력은 인정해 주지 않고 결과만 비난해서 억울하고 힘이 빠진다는 말씀이시죠?" 이는 당신이 상대의 말을 얼마나 주의 깊게 듣고 있는지를 보여주는 동시에, 상대방이 자신의 생각을 스스로 정리하도록 돕는 효과가 있습니다.

∷ 2단계 기술: 인정하기
– 옳고 그름을 넘어 '그럴 수 있음'을 긍정하는 힘

마음을 다해 들었다면 그다음은 '인정'해 줄 차례입니다. 여기서 '인정(Validation)'은 '동의(Agreement)'와는 전혀 다른 개념입니다. 상대의 행동이나 생각이 옳다고 동의하지 않더라도 상대방 입장에서 왜 그렇게 느끼고 생각할 수밖에 없었는지를 이해하고 그 감정 자체는 타당하다고 인정해 주는 것입니다. "네 마음, 충분히 그럴 수 있겠다."라는 말은 마법과 같은 힘을 지닙니다.

1) 인정하기가 어려운 이유: 우리는 옳고 그름을 가리는 데 익숙합니다. 상대의 감정을 인정해 주면 마치 그의 잘못된 행동까지도 동의해 주는 것이라 착각하기 때문입니다. 하지만 감정에는 옳고 그름이 없습니다. 모든 감정은 그저 존재할 뿐이며 존중받을 자격이 있습니다.

2) 인정의 언어, 이렇게 사용하세요.
- 상황: 남자 친구가 약속에 늦어 여자친구가 화가 났습니다.
- 잘못된 반응: "차가 막혀서 그랬어. 그거 가지고 뭘 그렇게 화를 내?"
- 인정의 언어: "차가 막혔다는 건 내 사정이고, 너는 나를 기다리면서 정말 화나고 속상했겠다. 추운데서 오래 기다리게 해서 정말 미안해. 너라면 충분히 화낼 만한 상황이야."

이처럼 인정의 언어는 상대의 감정을 최우선으로 존중합니다. 그럴 때 상대는 방어적인 태도를 풀고, 문제 해결을 위한 대화를 시작할 준비가 됩니다. 신경과학적으로도, 감정이 인정받을 때 뇌의 위협 감지 시스템(편도체)은 안정을 찾고 이성적 사고를 담당하는 전두엽이 활성화된다고 합니다.

:: 3단계 기술: 기다리기
- 해결사가 아니라 정원사가 되어주는 사랑

듣고 인정해 주었다면 마지막 단계는 '기다려 주는 것'입니다. 이것은 가장 어렵지만, 가장 깊은 신뢰를 보여주는 돌봄의 기술입니다. 우리는 사랑하는 사람이 고통스러워하는 것을 견디기 힘들어합니다. 그래서 어떻게든 빨리 문제를 해결해 주려는 '해결사'가 되려 합니다. 하지만 씨앗이 흙 속에서 뿌리를 내리고 싹을 틔우기까지 시간이 필요하듯, 사람의 마음이 스스로 상처를 회복하고 길을 찾는 데에도 절대적인 시간이 필요합니다.

1) **정원사의 마음:** 좋은 정원사는 씨앗을 잡아당겨 싹이 빨리 나오게 하지 않습니다. 그저 흙의 온도를 맞춰주고 물을 주고 햇볕을 쬐어주며 씨앗이 가진 내면의 힘을 믿고 기다릴 뿐입니다. 우리도 관계에서 그런 정원사가 되어야 합니다. 상대가 자신의 감정을 충분히 느끼고, 스스로 생각하고, 자신의 속도대로 걸어 나갈 수 있도록 곁에서 묵묵히 지켜봐 줍니다.

2) **침묵의 힘:** 때로는 어떤 위로의 말보다, 그저 함께 있어 주는 침묵이 더 큰 힘을 가집니다. 상대가 자신의 감정의 소용돌이를 통과하는 동안, 우리는 불안해하지 않고 그 곁을 지키는 든든한 등대가 되어줄 수 있어야 합니다. "네가 어떤 결정을 내리든 나는 네 곁에 있을 거야."라는 믿음을 주는 것, 이것이 기다림이 가진 치유의 힘입니다.

당신의 언어가 당신의 세계를 만듭니다

'듣고, 인정하고, 기다리는' 마음 씀의 언어는 하루아침에 익숙해지지 않습니다. 처음에는 어색하고, 낡은 습관들이 불쑥불쑥 튀어나올 것입니다. 하지만 자전거를 배우듯, 넘어지고 다시 일어서는 과정을 반복하다 보면, 어느새 당신은 이 새로운 언어를 자유자재로 구사하게 됩니다. 그리고 당신의 언어가 바뀌면, 당신을 둘러싼 관계의 풍경이, 나아가 당신이 사는 세계가 놀랍도록 따뜻하고 평화롭게 변해가는 것을 목격하게 됩니다. 오늘, 당신 곁의 가장 소중한 사람에게 이 새로운 언어를 한번 사용해 보시는 것은 어떨까요? 그 작은 시도가 당신의 세계를 바꾸는 위대한 첫 걸음이 될 것입니다.

과 숨 막히는 부채감을 낳기 때문입니다.

이 장에서는 이러한 낡은 통념을 깨고 '돌봄'을 '나'를 지키고 '너'와 건강하게 연결되며 '우리'를 성장시키는 가장 적극적이고 창의적인 힘, 인간이 가질 수 있는 가장 성숙하고 강력한 힘으로 재정의하고자 합니다. 나를 잃어버리는 자기희생이 아니라 오히려 가장 단단히 나를 세우고 그 힘으로 타인과 건강하게 연결되며 더 나은 공동체를 만들어 가는 적극적이고 창의적인 기술이라 선언하고 싶습니다. 이 새로운 힘의 원천을 탐사하기 위해 우리는 세 가지의 돌봄을 살펴볼 것입니다.

:: 첫 번째 힘: 나를 돌보는 용기
(The Courage to Care for Myself)

모든 돌봄은 '나'에게서 시작합니다. 내 안의 우물이 말라 있으면 누구의 갈증도 채워줄 수 없습니다. '자기 돌봄'은 이기심이나 사치가 아니라, 타인을 진심으로 돌보기 위한 가장 근본적인 책임이자 전제 조건입니다.

1) **자기 돌봄은 '치열한 경계선 긋기'다:** 우리는 흔히 자기 돌봄을 거품 목욕을 하거나 마사지를 받는 것쯤으로 생각하지만 그것은 본질이 아닙니다. 진정함 자기 돌봄은 '아니오'라고 말하는 용기에서 시작됩니다. 상사의 부당한 업무 지시에, 나를 함부로 대하는 친구의 부탁에, 나의 에너지를 갉아 먹는 모든 관

2부

어른의 삶 속에 스며드는 돌봄의 기술

– 마음을 쓰는 관계의 실천

집안의 평등

: 가사 분담을 넘어 마음 분담으로

"세탁기 돌려야지. 아, 맞다, 내일 아침 큰애 현장 체험학습 도시락. 김밥 재료 사야겠네. 작은애는 어린이집에서 수건 보내달라고 했고. 어머님 병원 예약 날짜가 다음 주 월요일이었나? 아, 가스비! 오늘까지 납부 마감인데. 남편 와이셔츠도 다려야 하고…"

이것은 소설 속 한 장면이 아닙니다. 대한민국에서 아내로, 엄마로 살아가는 수많은 여성의 머릿속에서 단 1초도 쉬지 않고 돌아가는 생각의 파편들입니다. 눈에 보이지도 않고, 누구도 알아주지 않지만, 이 생각의 흐름이 멈추는 순간, 가족이라는 시스템은 삐걱거리기 시작합니다. 마치 수면 아래에서 쉴 새 없이 발을 저어야만 우아하게 떠 있을 수 있는 백조처럼 수많은 가정의 평온함은 누군가의 이 보이지 않는 정신적 노동 위에서 아슬아슬하게 유지되고 있습니다.

이 장에서 우리는 집이라는 가장 사적이고 친밀한 공간으로 들어가 보고자 합니다. 그리고 그 안에서 '평등'이 어떻게 왜곡되고 있는지 '가사 분담'이라는 단어만으로는 결코 해결할 수 없는 문제의 본질이 무엇인지 깊숙이 들여다볼 것입니다. 우리가 1부에서 이야기한 '돌봄'의 언어와 기술이 가장 치열하고 절실하게 필요한 곳이 바로 집 안이기 때문입니다. 우리의 목표는 단순히 일의 양을 나누는 것을 넘어 보이지 않는 마음의 짐을 함께 나누어지는 '마음 분담'의 단계로 나아가는 것입니다.

진단: '돌봄 디폴트값'과 보이지 않는 '정신적 부담'

:: '돌봄 디폴트값(The Care Default)'

제가 만든 이 용어는, 특별히 정하거나 합의하지 않아도 집안의 모든 돌봄과 관련된 일의 최종 책임자는 '아내' 또는 '엄마'로 자동 설정되는 우리 사회의 무의식적 관성을 의미합니다. 남편이 주말에 청소기를 돌리고 음식물 쓰레기를 버리는 것은 '도와주는' 행위로 칭찬받지만 아내가 하는 똑같은 일은 너무도 '당연한' 일상으로 여겨집니다.

이러한 '돌봄 디폴트값' 때문에 발생하는 것이 바로 서두에서 언급한 '정신적 부담(Mental Load)'입니다. 이는 단순히 물리적인 집안일 목록과는 완전히 다른 개념입니다. 그것은 한 가정을 운영하는

CEO의 업무와도 같습니다. 정신적 부담의 구체적인 항목들을 나열해 보면 그 실체가 더욱 명확해집니다.

- 재고 관리: 집안의 모든 생필품(휴지, 샴푸, 치약, 세제 등)의 재고를 파악하고, 떨어지기 전에 미리 주문하거나 구매 목록에 추가하는 일.
- 일정 관리: 가족 구성원 전체의 스케줄(병원 예약, 학교 행사, 예방접종, 경조사 등)을 파악하고 조율하며 필요한 준비물을 챙기는 일.
- 관계 관리: 양가 부모님과 친지들의 생일과 기념일을 챙기고 선물을 준비하며 안부 전화를 하는 등 가족 관계망을 유지하는 일.
- 자녀 양육 관련 총괄: 아이의 성장 발달 상태를 체크하고 필요한 교육 정보를 수집하며 친구 관계나 학교생활에 문제는 없는지, 감정 상태는 괜찮은지 살피는 일.
- 미래 계획 및 위기 관리: 가족여행 계획, 이사 계획, 자녀 교육 로드맵 수립과 같은 장기 프로젝트를 구상하고 갑작스러운 질병이나 문제 발생 시 해결책을 모색하는 일.

이 목록을 보고 있으면 숨이 막힙니다. 그리고 이 수많은 항목이 대부분 한 사람, 바로 아내의 머릿속에서만 맴돌고 있다는 사실이 문제의 핵심입니다. 남편들은 아내가 "여보, 쓰레기 좀 버려줘"라고 말하면 군말 없이 실행합니다. 그리고 자신은 '가정적인 남편'이라고 생각합니다. 하지만 그는 모릅니다. 쓰레기봉투가 꽉 찼다는 사실을 '인지'하고 그것을 버려야 한다고 '판단'하며 남편에게 버려달라고 '요청'하는 그 모든 과정 자체가 이미 아내의 정신적 부담이라는 사실을 말입니다. 남편은 아내라는 CEO의 지시를 받는 '실행 담당 직원'이었을 뿐 함께 책임을 지는 '공동 대표'가 아니었습니다. 이러한 불균형이 지속될 때 아내는 만성적인 피로와 소진에 시달리게 됩니다. "나 혼자 애쓰는 것 같다"는 억울함과 "왜 나만 항상 악역을 맡아야 하냐"는 외로움에 지쳐갑니다. 반면 남편은 나름대로 돕는다고 하는데도 늘 불평만 하는 아내를 이해할 수 없어 답답함을 느낍니다.

이렇게 '마음의 짐'이 한쪽으로 기울어진 채 부부는 각자의 섬에 고립되어 갑니다.

전환: '돌봄 감사'에서 '돌봄 동업'으로

이 기울어진 운동장을 바로 세우기 위한 첫걸음은 1부에서 잠시 언급했듯 '돕는다'는 단어를 우리 집 사전에서 영원히 추방하는 것입니다. 남편은 아내를 '돕는 것'이 아닙니다. 아내 역시 남편을 '돕는 것'이 아닙니다. 우리는 '나의 집', '나의 아이', '우리의 삶'을 함께 책임지고 경영하는 '동업자'입니다. 집을 '휴식처'를 넘어, '우리 가족의 행복'이라는 공동의 목표를 가진 하나의 스타트업, 즉 '공동생활 프로젝트(Co-living Project)'로 재정의해 봅시다. 이 프로젝트의 성공은 두 명의 공동 대표가 얼마나 긴밀하게 소통하고 비전을 공유하며 각자의 역할을 책임감 있게 수행하느냐에 달려 있습니다. 이제 우리는 지시와 실행의 수직적 관계에서 벗어나 논의와 협력의 수평적 파트너십을 구축해야 합니다.

실천: 마음을 분담하는 구체적 기술

:: '정신적 부담'의 시각화와 책임 이관
: 주간 가족회의

보이지 않는 노동은 공정하게 분담될 수 없습니다. 따라서 가장 먼저 해야 할 일은 '정신적 부담'을 두 사람 모두 볼 수 있도록 시각화하는 것입니다. 매주 일요일 저녁, 식탁에 마주 앉아 15분만 '주간 가족회의'를 열어보세요. 거창할 필요 없습니다. 따뜻한 차 한 잔을 앞에 두고 다가올 주에 우리 가족에게 일어날 일, 해야 할 일들을 함께 브레인스토밍하는 시간입니다.

- 준비물: 커다란 스케치북이나 화이트보드, 혹은 공유 캘린더 앱(구글 캘린더, 네이버 캘린더 등)
- 회의 방식
  ① 브레인스토밍(5분): 다가올 주에 해야 할 모든 일을 생각나는 대로 적습니다. '아들 소아과 방문', '자동차세 납부', '세탁소 옷 찾기', '주말 장보기 목록 작성', '처제 생일 선물 주문' 등 사소한 것까지 모두 꺼내놓습니다. 이 과정을 통해 남편은 아내의 머릿속이 얼마나 복잡했는지를 비로소 눈으로 확인하게 됩니다.
  ② 책임자(PM) 지정(5분): 각 항목의 책임자(Project Manager)를 정합니다. 여기서 중요한 것은 단순히 '누가 할 것인가'를 넘어

그 일의 시작부터 끝까지를 책임지는 책임자(PM)를 정하는 것입니다. 예를 들어 '아들 소아과 방문'의 PM을 남편이 맡았다면 병원 예약, 방문, 과 확인, 약 챙겨 먹이기까지가 모두 그의 책임이 됩니다. 아내는 더 이상 "병원 예약했어?"라고 묻는 감시자가 될 필요가 없습니다.

③ 서로 격려하기(5분): "이번 주도 우리 잘해보자!", "당신이 이 일을 맡아주니 정말 든든하다." 등 서로를 응원하며 회의를 마칩니다.

이 작은 습관은 두 가지의 기적적인 변화를 가져옵니다.

첫째, 아내는 머릿속 짐을 내려놓음으로써 심리적 해방을 느낍니다.

둘째, 남편은 수동적인 실행자에서 벗어나 주도적으로 가족 프로젝트를 이끄는 경험을 통해 진정한 '주인 의식'과 '유능감'을 느끼게 됩니다.

:: '결과'가 아닌 '과정'과 '의도'를 인정하는 돌봄의 언어

새로운 시스템이 정착되는 과정에서는 반드시 갈등이 생깁니다. 남편이 갠 빨래는 삐뚤빼뚤하고, 그가 끓인 찌개는 맛이 없습니다. 이때, 아내의 '비난 본능'이 튀어나오기 쉽습니다. "에휴, 이럴 거면 그냥 내가 하고 말지!" 이 한마디는 남편을 돌봄의 영역에서 영원히 추방하는 가장 강력한 주문입니다. 기억해야 합니다. 지금 우리에게 중요한 것은 완벽한 결과물이 아니라, 함께하려는 '의도'와 노력하는 '과정' 그 자체입니다. 그의 서툰 결과물에 담긴 '가족을 위하는 마음'을 읽어주고 인정해주는 돌봄의 연어를 연습해야 합니다.

- Before: "설거지를 어떻게 이렇게 했어? 그릇에 거품이 그대로 있잖아!"
- After: "피곤할 텐데 설거지해 줘서 고마워요. 덕분에 내가 허리 펴고 좀 쉴 수 있었어요."

칭찬과 인정은 최고의 동기부여입니다. 그의 노력이 가족에게 실질적인 도움이 되고 있다는 긍정적 경험이 쌓일 때, 그는 더 잘하고 싶은 의욕을 갖게 됩니다. 설거지 기술은 몇 번 더 하다 보면 늘게 됩니다. 하지만 한번 꺾인 마음은 되돌리기 어렵습니다.

결론: 가장 완벽한 안전기지, 우리 집

영화 〈제리 맥과이어〉에서 남자 주인공은 여자 주인공에게 이렇게 고백합니다.

"You complete me." (당신이 나를 완성시켜요.)

저는 이 말을 이렇게 바꾸고 싶습니다.

"We complete our home." (우리가 우리 집을 완성시켜요.)

집 안에서의 평등은 누가 더 많이 일하고 적게 일하는지를 따지는 제로섬 게임이 아닙니다. 그것은 서로의 보이지 않는 마음의 짐을 먼저 알아주고, 기꺼이 나누어지려는 마음의 연대입니다. 나의 불완전함을 드러내고 상대의 서툰 노력을 따뜻하게 끌어안아 주는 용기입니다. 그렇게 두 사람이 각자의 어깨에 있던 짐을 내려놓고, 하나의 짐을 함께 마주 들 때, 비로소 집은 세상의 어떤 풍파로부터도 우리를 지켜주는 가장 안전하고 아늑한 '우리들의 요새'가 됩니다. 그 요새 안에서 든든하게 충전된 우리는 다음 날 아침 현관문을 열고 더 나은 모습으로 세상과 마주할 힘을 얻게 됩니다.

일터의 평등

: 경쟁을 넘어 동료애를 꽃피우다

아이디어 도둑과 보이지 않는 벽

국내의 한 IT기업 회의실.

입사 3년 차인 김 대리는 용기를 내어 새로운 서비스에 대한 아이디어를 제시했습니다. 하지만 회의를 주재하던 박 부장은 시큰둥한 반응을 보였고 다른 팀원들도 별다른 호응을 하지 않았습니다. 김 대리는 '역시 내 생각은 별로인가'라며 좌절했습니다. 그런데 잠시 후, 옆자리의 이 과장이 김 대리의 아이디어를 거의 그대로, 단지 몇몇 용어만 바꾸어 마치 자신의 생각인 것처럼 다시 발표했습니다. 놀랍게도 박 부장은 "오, 그거 좋은데? 이 과장 역시 날카로워!"라며 극찬했고 아이디어는 이 과장의 이름으로 프로젝트가 되었습니다. 김 대리는 아무 말도 할 수 없었습니다. 그저 투명 인간이 된 듯한 기분, 자신의 목소리가 지워지는 듯한 무력감에 휩싸였습니다.

이 이야기는 비단 여성만의 경험이 아닙니다. 신입사원이라서, 내성적인 성격이라서, 비주류 부서 소속이라서 자신의 목소리를 도둑맞는 경험은 일터 곳곳에서 벌어집니다.

진단: '가부장적 유능함'과 '심리적 비안전지대'

우리의 일터는 오랫동안 '가부장적 유능함'이라는 단일 모델을 숭배해 왔습니다. 공격적이고, 자기주장이 강하며, 경쟁에서 이기는 것을 미덕으로 삼는 리더십. 이러한 문화 속에서 '돌봄'의 가치, 즉 협업, 공감, 배려, 경청 등은 부차적이거나 심지어 '무능함'의 증거로 치부되기도 했습니다. 이러한 환경은 직원들에게 '심리적 비안전지대(Psychological Danger Zone)'로 작용합니다. 직원들은 처벌이나 창피를 당할 것이 두려워 진솔한 의견을 내거나, 새로운 시도를 하거나, 자신의 실수를 인정하기를 꺼립니다.

- **여성 직원에게 강요되는 감정 노동:** 회식 분위기를 띄우고 팀의 화합을 위해 커피를 타거나 간식을 챙기는 일은 은연중에 여성의 몫으로 돌아갑니다. 그들의 전문성보다는 '분위기 메이커'로서의 역할이 기대됩니다.
- **남성 직원에게 씌워지는 강인함의 족쇄:** 남성 직원은 약한 소리를 하거나, 육아 문제로 고충을 토로하는 것을 '프로답지 못하다'고 여깁니다. 육아휴직을 쓰는 남성은 여전히 조직의 '민폐'로 취

급받기 일쑤입니다.

- 소통 단절과 창의성 고갈: 결과적으로 직원들은 방어적으로 변하고 부서 간에는 보이지 않는 벽이 생깁니다. 누구도 새로운 아이디어를 위해 기꺼이 위험을 감수하려 하지 않으므로 조직의 혁신과 성장은 멈추게 됩니다.

전환: '돌봄'은 가장 강력한 비즈니스 전략이다

구글의 '아리스토텔레스 프로젝트'는 높은 성과를 내는 팀의 비밀이 뛰어난 개인의 합이 아니라, 바로 '심리적 안전감(Psychological Safety)'에 있음을 과학적으로 증명했습니다. 심리적 안전감이란 팀 안에서 어떤 의견을 제시하거나 실수를 해도 비난받거나 불이익을 당하지 않을 것이라는 믿음입니다. 이것은 바로 '돌봄'이 조직문화로 체화된 상태를 의미합니다. 이제 우리는 '돌봄'이 단순히 착하고 좋은 것이라는 차원을 넘어 조직의 생산성과 창의성을 극대화하는 가장 강력한 비즈니스 전략임을 인식해야 합니다. 구성원들이 서로 돌보고 존중하는 문화 속에서 비로소 최고의 역량을 발휘할 수 있기 때문입니다.

실천: 심리적 안전감을 구축하는 돌봄의 기술

1) 회의 문화를 바꾸는 '돌봄의 발언권' 보장: 회의는 조직의 소통 문화를 보여주는 축소판입니다.

- **아이디어 하이재킹(Hijacking) 방지:** 누군가 다른 사람의 아이디어를 가로채거나 무시했을 때, 리더나 동료가 개입하여 "잠시만요, 그건 아까 김 대리님이 말씀하신 아이디어와 비슷한 맥락인데, 김 대리님 생각을 조금 더 들어볼 수 있을까요?"라고 말해주는 '앰플리피케이션(Amplification, 확성)' 기술을 실천해야 합니다. 이는 아이디어의 원래 주인의 공을 인정해 주고 그의 목소리에 힘을 실어주는 강력한 돌봄 행위입니다.

- **의도적 경청과 차례 발언:** 회의 중 누군가 말할 때 다른 사람이 끼어드는 것을 금지하고, 발언이 끝난 후에는 1~2초의 침묵을 두어 상대방의 말을 곱씹을 시간을 갖습니다. 또한 회의 마지막에는 직급이나 목소리 크기와 상관없이 모든 사람에게 돌아가며 의견을 묻는 '라운드 로빈(Round Robin)' 방식을 도입하여 침묵하는 다수의 목소리를 이끌어내야 합니다.

2) '실수 환영 문화'와 '성장형 피드백': 실수는 비난의 대상이 아니라 성장을 위한 데이터입니다.

- **리더의 자기 고백:** 리더가 먼저 자신의 실수나 실패 경험을 솔직하게 공유할 때, 팀원들은 실수를 해도 괜찮다는 메시지를 받게 됩니다. "나도 예전에 비슷한 실수를 한 적이 있는데, 그때 정말 아찔

했지. 하지만 그 덕분에 ~을 배울 수 있었어."
- **비난이 아닌 분석:** 실수가 발생했을 때 "누가 잘못했냐?"를 따지는 대신, "우리는 이 실수를 통해 무엇을 배울 수 있을까?", "이런 실수가 반복되지 않으려면 어떤 시스템을 개선해야 할까?"라고 질문의 방향을 바꾸어야 합니다. 이것이 바로 '성장형 피드백'입니다.

3) **'돌봄' 역량의 공식적 인정:** 보이지 않는 돌봄 노동을 공식적으로 인정하고 보상하는 시스템을 만들어야 합니다.
- **성과 평가 항목에 추가:** 동료에 대한 멘토링, 적극적인 지식 공유, 팀의 긍정적인 분위기 조성에 기여한 바를 성과 평가의 중요한 항목으로 포함시킬 수 있습니다. "이번 분기, 동료의 성장을 위해 어떤 노력을 했습니까?"와 같은 질문은 조직이 무엇을 중요하게 생각하는지를 명확히 보여줍니다.
- **'좋은 동료상' 시상:** 분기별로 동료들의 추천을 받아 가장 훌륭한 협업과 돌봄의 자세를 보여준 직원을 '좋은 동료'로 선정하고 공식적으로 칭찬하고 보상하는 것도 좋은 방법입니다.

결론: 사람이 자라는 일터, 성과가 따르는 조직

돌봄이 있는 일터는 단순히 '분위기 좋은 회사'를 의미하지 않습니다. 구성원들이 서로의 인격과 전문성을 존중하고 실패를 두려워하지 않고 도전하며 함께 성장하는 '학습 공동체'를 의미합니다. 이러한 조직문화 속에서 사람들은 자신의 잠재력을 마음껏 펼치며 이는 자연스럽게 조직 전체의 탁월한 성과로 이어집니다. 일터에서의 평등은 이제 여성 할당량이나 남성 육아휴직 사용률 같은 숫자를 넘어 우리 모두가 서로를 돌보는 '심리적 안전감'을 얼마나 구축했는지로 측정되어야 합니다.

3장

관계의 평등

: 사랑과 우정이라는 이름의 돌봄

"나 힘들어"라는 말에 대한 두 가지 반응

오랜 연인이 있습니다. 여자가 남자에게 말합니다. "나 요즘 너무 힘들어. 다 그만두고 싶어." 이 말을 들은 남자는 즉각 해결사로 변신합니다. "뭐가 힘든데? 1번, 2번, 3번 원인을 분석해 보자. 해결책은 이거야. 내가 도와줄게." 그는 여자친구를 '사랑'하기에 최선을 다해 해결책을 제시했지만 여자는 오히려 "됐어, 내 맘을 하나도 몰라줘"라며 마음의 문을 닫아버립니다.

이번엔 두 명의 오랜 친구가 있습니다. 한 친구가 말합니다. "나 요즘 너무 힘들다." 다른 친구는 아무 말 없이 그의 어깨를 두드리며 술 한 잔을 따라줍니다. 그리고 나지막이 말합니다. "얼마나 힘들면 그런 말을 할까. 그냥 오늘 밤은 아무 생각 말고 마시자. 네 옆에 있어 줄게."

두 가지 반응 모두 '사랑과 우정'이라는 이름으로 행해졌지만, 그 결과는 완전히 달랐습니다. 전자는 관계의 단절을, 후자는 더 깊은 유대감을 낳았습니다. 이 차이는 어디에서 비롯된 것일까요? 바로 '돌봄'에 대한 이해의 차이입니다.

이 장에서는 연인, 친구, 가족 등 가장 사적인 관계 속에서 우리가 어떻게 서로를 돌보며 평등한 관계를 만들어 갈 수 있는지 이야기하고자 합니다.

진단: 소유하려는 사랑, 통제하려는 우정

우리는 종종 사랑과 우정을 '상대방을 나에게 맞추는 과정'으로 오해합니다. 상대가 내 기대대로 행동하고 생각해 주기를 바라고, 그렇게 하지 않을 때 서운함을 느끼거나 상대를 바꾸려 듭니다.

- **해결사 콤플렉스:** 특히 남성들에게 많이 나타나는 경향으로, 상대방의 감정적 호소를 '해결해야 할 문제'로 인식합니다. 상대의 감정에 공감하기보다 해결책을 제시함으로써 자신의 유능함을 증명하려 합니다. 이는 상대를 동등한 인격체가 아닌, 도움이 필요한 미숙한 존재로 보는 시각이 깔려 있습니다.
- **과잉 공감과 감정의 전이:** 반대로 여성들에게서는 상대의 감정에 과잉되게 동화되어 함께 고통스러워하는 경향이 나타나기도 합니다. 친구의 아픔이 곧 나의 아픔이 되어버리는 것입니다. 이는 건강

한 공감이 아니라, 나와 상대를 구분하지 못하는 '감정의 경계선' 붕괴 상태로, 결국 두 사람 모두를 소진시킬 수 있습니다.

전환: '안전기지'가 되어주는 관계

진정으로 건강하고 평등한 관계는 상대방을 바꾸거나 소유하는 것이 아니라, 서로에게 '안전기지(Secure Base)'가 되어주는 것입니다. 심리학자 존 볼비가 말한 안전기지란 아이가 밖에서 세상을 탐험하다가 힘들거나 위협을 느낄 때 언제든 돌아와 위로와 격려를 얻고 다시 나아갈 힘을 얻는 존재(주로 부모)를 의미합니다.

성인의 관계에서도 마찬가지입니다. 최고의 연인, 최고의 친구는 내가 세상 속에서 어떤 도전을 하고 실패하더라도, 있는 모습 그대로 나를 받아주고 지지해줄 것이라는 믿음을 주는 사람입니다. 상대방이 '나다움'을 마음껏 펼치며 성장하도록 응원하고, 지쳤을 때 기댈 수 있는 어깨를 내어주는 것. 이것이 돌봄에 기반한 관계의 핵심입니다.

실천: 건강한 연결을 위한 돌봄의 기술

1) **'수정 반사'를 끄고 '공감 스위치'를 켜라**: 상대가 어려움을 토로할 때, 무언가를 고쳐주려는 '수정 반사(Righting Reflex)'를 의식적으로 꺼야 합니다. 대신 1부에서 배운 '마음 씀의 언어'를 사

용해 공감 스위치를 켭니다.
- Before: "그러게 내가 그 회사 별로라고 했잖아. 당장 그만둬."
- After: "그런 일을 겪었다니 정말 속상했겠다. 너 마음이 얼마나 힘들지 상상도 안 가네."
- 해결책은 상대방이 스스로 찾을 힘이 있음을 믿고 우리는 그저 그의 감정이 머물다 갈 수 있는 안전한 공간을 제공해 주면 됩니다. 해결책을 요구할 때, 그때 제시해도 늦지 않습니다.

2) 건강한 '경계선' 설정하기: "NO"라고 말할 수 있는 용기는 나를 지키고 관계를 건강하게 만드는 필수 요소입니다.
- 나의 시간, 에너지, 감정에는 한계가 있음을 인정해야 합니다.
- 친구의 부탁이라도 내가 감당하기 어려울 때는 정중하게 거절할 수 있어야 합니다. "내 마음은 정말 도와주고 싶은데, 지금 내 상황이 여의찮아서 미안해."
- 거절은 관계의 끝이 아니라, 솔직함을 바탕으로 신뢰를 쌓아가는 과정입니다. 무리해서 부탁을 들어주고 뒤에서 불평하는 것보다 훨씬 건강합니다. 또한 내가 "NO"라고 말할 수 있을 때, 상대방의 "NO"도 진심으로 존중할 수 있게 됩니다.

3) 함께 성장하는 '우리'의 시간 만들기: 좋은 관계는 함께 있을 때 즐거운 것을 넘어, 서로의 성장을 지지하고 응원하는 관계입니다.

- 각자의 꿈과 목표에 대해 이야기하고 서로의 '성장 파트너'가 되어주세요. 상대방이 새로운 도전을 할 때, "네가 잘 해낼 줄 알았어!"라며 가장 큰 팬이 되어주고, 실패했을 때는 "괜찮아, 이 경험이 널 더 단단하게 만들 거야"라며 가장 든든한 지지자가 되어주는 것입니다.
- 함께 새로운 것을 배우거나(외국어, 악기 등), 함께 운동하거나, 함께 책을 읽고 토론하는 등, 같이 성장할 수 있는 활동들을 통해 관계의 깊이를 더해갈 수 있습니다.

결론: 당신은 혼자가 아니라는 가장 큰 위로

결국 모든 관계의 본질은 "당신은 혼자가 아니다."라는 메시지를 서로에게 전해주는 것입니다. 나의 기쁨을 진심으로 함께 기뻐해 주고 나의 슬픔에 말없이 어깨를 내어 주는 단 한 사람이 있다면, 우리는 세상의 어떤 어려움도 헤쳐 나갈 수 있습니다. 사랑과 우정이라는 이름 아래 상대를 통제하고 내 방식대로 바꾸려 했던 미숙한 노력을 멈추고, 서로의 모습을 그대로 인정하며 각자의 성장을 응원하는 '안전기지'가 되어줄 때, 우리는 비로소 진정으로 평등하고 성숙한 관계의 기쁨을 누리게 됩니다.

"라떼는 말이야"와 "요즘 애들은…" 사이

: 세대 차이를 넘어선 돌봄의 다리 놓기

일 년에 몇 번, 온 가족이 모이는 명절. 오랜만에 만난 반가움도 잠시, 거실에는 어김없이 보이지 않는 전운이 감돕니다.

"결혼은 언제 할 거니?"

"대기업 다니는 사촌 좀 봐라."

"그렇게 월급 받아서 돈은 모으고 있니?"

어른들의 애정 어린 질문에 청년 세대는 가슴이 답답해져 옵니다. 참다못해 "제 인생은 제가 알아서 할게요!"라고 쏘아붙이면, 어른들의 얼굴에는 서운함이 가득합니다.

"다 너 잘되라고 하는 소린데, 요즘 애들은 쓴소리를 들을 줄 몰라."

직장에서도 상황은 비슷합니다.

"라떼는 말이야, 시키지 않은 일도 알아서 찾아서 했어."라는 부장님의 훈화에 젊은 직원들은 속으로 생각합니다. '시키지도 않은 일을 왜 하죠? 제 업무 시간에 제 일만 하는 게 당연한 거 아닌가요?' 반대로, '워라밸'을 중시하며 정시퇴근하는 후배를 보며 부장님은 혀를 찹니다. "요즘 애들은 열정이 없어, 패기가."

'라떼 세대', 'MZ세대', '알파 세대'…
우리는 서로 편리한 이름표로 규정하고, "이해할 수 없다"며 고개를 젓습니다. 세대 차이라는 깊은 골은 정말 건널 수 없는 강일까요?
저는 이 골을 잇는 단단하고 따뜻한 다리를 놓을 수 있다고 믿습니다. 그 다리의 이름이 바로 '돌봄'입니다. 여기서 '돌봄'이란, 서로의 '다름'을 인정하고 그 다름이 생겨난 시대적 배경과 삶의 맥락을 이해하려는 의식적인 노력입니다.

왜 우리는 서로를 이해하기 어려울까?
– 살아온 세상이 다르다는 것

세대 갈등의 본질은 '누가 옳고 그르냐'의 문제가 아니라 각자가 살아온 세상의 문법이 너무나도 다르다는 데 있습니다. 우리는 같은 언어를 쓰는 것 같지만 사실은 각자의 시대적 경험이라는 다른 사전을 가지고 대화하고 있습니다.

- **'생존'과 '희생'이 돌봄이었던 시대:** 우리 부모님, 조부모님 세대는 전쟁의 폐허 위에서 가난을 이겨내고 유례없는 산업화를 이끌어

낸 주역입니다. 그들에게 '열심히 일하는 것', '나보다는 가족과 공동체를 위해 희생하는 것'은 생존을 위한 필수 덕목이었습니다. 그분들에게 '돌봄'이란, 자식의 배를 굶기지 않고, 비싼 등록금을 대주며, 궂은일 마다하지 않고 가정을 지켜내는 것이었습니다. 그래서 그분들의 사랑 표현은 때로 "밥은 먹었니?", "어디 아픈 데는 없니?"라는 투박한 안부나, "정신 차리고 똑바로 살아라."는 잔소리의 형태로 나타납니다. 그 잔소리의 밑바닥에는 험난한 세상을 살아오며 체득한 '생존 비법'을 자식에게 물려주고 싶은 절박한 마음이 깔려 있습니다.

- **권리와 행복이 돌봄인 시대:** 반면, 지금의 청년 세대는 상대적 풍요 속에서 태어났지만, 무한 경쟁과 불안정한 미래라는 또 다른 종류의 전쟁을 치르고 있습니다. 그들에게는 집단의 성장보다 개인의 권리와 행복이 중요한 가치가 되었습니다. 회사에 충성하기보다는 나의 성장과 '워라밸(일과 삶의 균형)'을 중시하고 무조건 참기보다는 부당함에 목소리를 내는 것이 당연하다고 배웁니다. 이 세대에게 '돌봄'이란 상대방의 감정을 섬세하게 살피고 각자의 영역과 경계를 존중하며 수평적인 관계에서 소통하는 것입니다. 그래서 그들은 어른들의 일방적인 충고나 조언을 간섭이나 꼰대질로 느끼기 쉽습니다.

이처럼 각 세대는 자신의 시대적 경험을 바탕으로 사랑과 돌봄의 언어를 구사합니다. 문제는 서로가 자신의 언어만이 옳다고 생각하고 상대방의 언어를 해석하려는 노력을 하지 않는 데 있습니다.

돌봄의 번역기
: 세대 간의 마음을 잇는 소통의 기술

서로 다른 언어를 이해하기 위해서는 번역기가 필요합니다. 세대 간의 소통에도 상대방의 말 속에 숨겨진 진짜 의도와 마음을 읽어내는 돌봄의 번역기가 필요합니다.

〈청년 세대를 위한 '라떼' 번역기〉

어른들의 말(라떼어): "나 때는 말이야, 이것보다 더 힘들었어. 유난 떨지 마."

- 내가 듣는 의미(표면적 해석): "너의 힘듦은 별거 아니야. 넌 나약하고 불평만 많은 애야."
- 숨겨진 마음 번역(돌봄의 해석): "나도 정말 힘든 시절을 겪어왔단다. 세상이 얼마나 험한지 알기에, 네가 작은 어려움에 좌절할까 봐 걱정되는구나. 내가 겪은 고난의 경험을 통해 너에게 도움과 지혜를 주고 싶다는 마음의 표현이야. 너가 나처럼, 혹은 나보다 더 강인해지기를 바라는 응원의 다른 방식이란다."
- 이렇게 반응해 보세요

  방어적 반응(X): "지금이 더 힘들거든요! 뭘 모르시면서!"

  돌봄의 반응(O): "그 시절에 그런 어려움을 겪으셨다니 정말 힘드셨겠어요. 그런 경험을 하셨으니 제 걱정이 되시는 마음, 이해가 돼요. 저도 제 방식대로 이겨내 보려고 노력하고 있으니, 조금만 믿고 지켜봐 주시면 안 될까요?"(상대방의 경험과 걱정을 먼저 인정해 주면 대화의 물꼬를 틀 수 있습니다.)

〈기성세대를 위한 '요즘 애들' 번역기〉

자녀/후배의 말(요즘어): "저는 제 행복이 더 중요해요. 이 회사는 저랑 안 맞는 것 같아서 퇴사하려고요."

- 내가 듣는 의미(표면적 해석): "나는 책임감도 없고, 끈기도 없어. 조금만 힘들면 포기해 버리는 나약한 애야."
- 숨겨진 마음 번역(돌봄의 해석): "저는 월급이나 회사의 이름보다, 제 일이 주는 의미와 보람, 그리고 저의 정신적 건강이 더 중요해요. 이곳에서는 제가 성장할 수 없고, 저의 에너지가 소진되는 것을 느껴요. 이것은 포기가 아니라, 저 자신을 돌보고 더 나은 미래를 찾기 위한 용기 있는 선택이에요."
- 이렇게 반응해 보세요

  비난적 반응(X): "어딜 가나 다 똑같아! 버티는 게 이기는 거야!"

  돌봄의 반응(O): "회사를 그만두고 싶을 만큼 힘들었구나. 어떤 점이 너를 가장 지치게 했니? 혹시 아빠/엄마/ 선배가 들어주고 도와줄 일은 없을까? 앞으로의 계획에 대해서도 한번 같이 이야기 나눠보자."(비난 대신 질문을 통해, 상대방의 생각과 감정을 이해하려는 노력을 보여주는 것이 중요합니다.)

함께 만드는 새로운 돌봄의 문화

서로의 언어를 번역하려는 노력을 넘어 세대가 함께 공유할 수 있는 새로운 돌봄의 문화를 만들어 갈 수도 있습니다.

- **역할을 바꿔 가르쳐주기(리버스 멘토링):** 자녀나 후배가 부모님이나 선배에게 스마트폰 활용법, 새로운 앱 사용법, 요즘 유행하는 문화 등을 가르쳐주는 것입니다. 이는 젊은 세대에게는 자신감과 존중받는 경험을, 기성세대에게는 새로운 것을 배우는 즐거움과 함께 세대 간의 권력관계를 유연하게 만들어 줍니다.
- **서로의 희생과 노고를 인정해 주기:** 젊은 세대는 기성세대를 향해 "어머니, 아버지 세대의 희생과 노력이 있었기에 지금 저희가 이렇게 편안하게 살 수 있는 것 같아요. 진심으로 감사드려요"라고 말할 수 있습니다. 기성세대는 젊은 세대를 향해 "우리가 겪었던 가난과는 또 다른 종류의 무한 경쟁 속에서 너희 참 애쓴다. 대단하다."라고 그들의 노력을 인정해 줄 수 있습니다. 이러한 상호 인정은 세대 간 앙금을 녹이는 강력한 힘이 있습니다.
- **새로운 전통 함께 만들기:** 며느리 혼자 고생하는 명절 문화 대신, 온 가족이 함께 음식을 준비하거나, 외식을 하거나, 각자 잘하는 요리를 하나씩 해오는 포틀럭 파티 형식으로 바꾸는 등, 모두가 즐겁고 평등하게 참여할 수 있는 새로운 가족 문화를 함께 만들어 나갈 수 있습니다.

당신의 가족과 직장은 안녕하신가요?

세대 차이는 피할 수 없는 현상입니다. 하지만 세대 갈등은 우리가 어떻게 마음을 쓰느냐에 따라 충분히 극복할 수 있는 과제입니다. '꼰대'와 '버릇없는 요즘 애들'이라는 낡은 이름표 뒤에 있는 나와 똑같이 사랑받고 싶고 인정받고 싶은 한 명의 '사람'을 바라보려는 노력이 필요합니다. 상대방의 말이 내 귀에는 비록 거친 돌멩이처럼 들릴지라도 그 안에 숨겨진 마음은 어쩌면 서툴게 포장된 따뜻한 선물일지도 모릅니다. 그 포장을 조심스럽게 풀어보려는 '돌봄의 마음'이 바로 세대라는 강을 잇는 가장 튼튼한 다리가 되어 줄 것입니다. 오늘, 당신의 가족과 직장에서 이 따뜻한 다리를 놓는 첫걸음을 시작해 보시는 것은 어떨까요?

3부

우리 아이를 위한
마음 첫걸음

– 유치원·초등학생 부모 지침서

| 부모는 아이의 첫 번째 '돌봄' 교사 |

아이에게 세상의 온기를 가르치는 부모의 역할은 아무리 강조해도 지나치지 않습니다. 아이들은 부모의 말 한마디, 행동 하나를 스펀지처럼 흡수하며 세상을 배우고 관계를 맺는 법을 익힙니다. 특히 '돌봄'과 '공감'의 능력은 지식처럼 가르치는 것이 아니라 부모가 일상에서 자연스럽게 보여주고 아이가 경험하게 하는 가운데 길러집니다.
이 장에서는 우리 아이들이 따뜻한 마음을 가진 사람으로 성장하도록 돕는 부모의 역할과 그 시작이 바로 '가정'임을 이야기하며 부모님들의 마음을 열고자 합니다.

감정의 언어 가르치기

: "속상했구나." 공감의 첫걸음

    우리 아이들이 건강하게 성장하기 위해서는 신체적 건강만큼이나 '마음의 건강'이 중요합니다. 그리고 마음 건강의 첫걸음은 바로 자신의 감정을 제대로 알고 표현할 줄 아는 '정서 지능'을 키우는 것입니다. 아직 감정 표현이 서툰 우리 아이들에게 부모는 최고의 '감정 코치'가 되어줄 수 있습니다. 거창한 이론이 아니어도 괜찮습니다. 아이의 작은 감정 하나하나에 귀 기울이고, 그 마음에 이름을 붙여주는 것만으로도 아이는 세상과 소통하는 가장 중요한 언어를 배우기 시작합니다.

일상에서 감정 단어와 친해지기
: "네 마음이 이랬구나!"

아이들은 다양한 감정을 느끼지만, 그것을 표현할 적절한 단어를 알지 못해 답답해하거나 엉뚱한 행동으로 표출하곤 합니다. 부모가 일상에서 다양한 감정 단어를 사용하며 아이의 감정을 읽어주는 것이 중요합니다.

1) **기쁨과 즐거움:** 아이가 새로 맞춘 블록 작품을 자랑스럽게 보여주며 함박웃음을 짓고 있습니다.
   - 이렇게 말해 주세요: "와! 우리 윤재가 이렇게 멋진 로봇을 만들었네! 표정을 보니까 정말 기쁘고 신나는구나! 폴짝폴짝 뛰는 걸 보니 엄마/아빠도 덩달아 즐거워지는데?"
   - 피해 주세요: (무관심하게) "어, 잘했네." (아이의 감정을 읽어주지 않으면 아이는 자신의 성취와 기쁨이 충분히 전달되지 않았다고 느낄 수 있습니다.

2) **슬픔과 속상함:** 애지중지하던 풍선이 '펑'하고 터져 아이가 울음을 터뜨렸습니다.
   - 이렇게 말해 주세요: "아이고, 예쁜 풍선이 터져버렸네. 윤재가 정말 아끼던 건데, 지금 너무 슬프겠다. 눈물이 뚝뚝 떨어지는 걸 보니 엄마/아빠 마음도 아프네. 많이 속상하지?" (아이의 눈물을 닦아주며 꼭 안아줍니다.)

- **피해 주세요:** "울지 마, 뚝! 그거 말고 다른 거 사줄게." (아이의 슬픈 감정을 충분히 느끼고 위로받을 기회를 빼앗고, 감정을 억누르도록 가르칠 수 있습니다.)

3) **화남과 분노:** 동생이 허락도 없이 자신의 장난감을 망가뜨려 아이가 소리를 지르고 있습니다.
- **이렇게 말해 주세요:** "지우야, 동생이 아끼는 자동차를 망가뜨려서 정말 화가 많이 났구나! 얼굴이 빨개지고 숨소리도 거칠어진 걸 보니 엄마/아빠도 네가 얼마나 속상하고 약이 오르는지 알 것 같아." (먼저 아이의 격한 감정을 인정해 줍니다.)
- **피해 주세요:** "소리 지르지 마! 동생한테 왜 그래!" (아이의 화난 감정을 무시하고 행동만 지적하면, 아이는 자신의 감정이 부당하게 억압된다고 느낄 수 있습니다.)

4) **두려움과 불안함:** 천둥소리에 아이가 깜짝 놀라 엄마/아빠에게 달려왔습니다.
- **이렇게 말해 주세요:** "우르릉 쾅쾅! 천둥소리가 엄청 컸지? 우리 현수가 깜짝 놀라서 많이 무서웠겠다. 심장이 두근두근 겁이 났어? 괜찮아, 엄마/아빠가 옆에 꼭 붙어 있을게. 어떤 점이 제일 불안하게 느껴졌는지 이야기해 줄 수 있을까?" (아이를 안심시키며 구체적인 두려움의 대상을 파악하도록 돕습니다.)
- **피해 주세요:** "하나도 안 무서워. 씩씩해야지!" (아이의 두려움을 부정하면, 아이는 자신의 감정을 신뢰하지 못하게 될 수 있습니다.)

감정은 몸으로도 느껴져요
: 신체 감각과 연결하기

감정은 마음뿐만 아니라 몸으로도 느껴집니다. 아이가 자신의 신체 변화를 통해 감정을 인지하도록 도와주세요.

- "준수야, 아까 친구랑 신나게 뛰어놀 때 심장이 어떻게 뛰었어? 막 두근두근 빨리 뛰었지? 그게 바로 신나고 즐거울 때 우리 몸이 보내는 신호야."
- "윤재야, 발표하기 전에 손에 땀이 나고 가슴이 떨렸다고 했지? 그건 조금 긴장되고 떨리는 마음이 몸으로 나타난 거란다."
- "엄마는 지금 너무 화가 나서 얼굴이 화끈화끈 달아오르는 것 같아. 잠시 창문 열고 바람 좀 쐬어야겠어." (부모가 먼저 자신의 감정과 신체 변화를 연결해 보여줍니다.)

그림책과 이야기로 감정 여행 떠나기

아이들은 그림책이나 이야기를 통해 다양한 감정을 간접적으로 경험하고 배울 수 있습니다.

- 그림책 활용법: 감정을 주제로 다룬 그림책을 함께 읽으며 등장인물의 표정과 행동에 대해 이야기 나눠보세요. "이 그림 속 늑대는 왜 이렇게 슬픈 표정을 짓고 있을까?", "주인공이 상을 받았을 때

기분이 어땠을 것 같아? 어떤 말을 하고 싶었을까?"
- **우리 가족 감정 사전 만들기:** 다양한 표정의 그림이나 사진을 오려 붙이고, 각 감정에 맞는 단어를 함께 적어보세요. 아이가 자신의 감정을 표현할 때 이 사전을 활용할 수 있습니다. "지금 네 마음은 이 그림 속 어떤 표정이랑 제일 비슷해?"

모든 감정은 괜찮아, 하지만 모든 행동이 괜찮은 건 아니야: 감정 수용과 행동 조절

아이에게 가장 중요한 메시지는 '모든 감정은 자연스럽고 괜찮다'는 것입니다. 화가 나는 것도, 슬픈 것도, 무서운 것도 모두 나쁜 감정이 아닙니다. 하지만 감정을 표현하는 방식에는 적절한 방법과 그렇지 않은 방법이 있다는 것을 가르쳐야 합니다.

- **상황 예시:** 친구가 놀려서 화가 난 아이가 친구를 때렸을 때
- **이렇게 대처해요:** "친구가 놀려서 정말 화가 나고 속상했구나. 그래서 너무 화가 나서 친구를 때린 거니? (아이의 대답을 기다립니다) 그래, 화가 나는 건 당연해. 하지만 그렇다고 친구를 때리는 건 올바른 행동이 아니야. 친구도 아프고, 너도 마음이 불편해질 수 있어. 화가 날 때는 어떻게 말로 표현할 수 있을까? '네가 나를 놀려서 정말 화나. 앞으로 그러지 마!' 이렇게 말하거나, 엄마/아빠나 선생님께 도움을 요청할 수도 있어."
- 이렇게 아이의 감정은 충분히 공감해 주되, 폭력적인 행동은 안

된다는 것을 명확히 알려주고 대안적인 행동을 가르쳐야 합니다.

부모가 먼저 보여주는 감정 표현의 거울

아이들은 부모의 모습을 보고 배웁니다. 부모가 자신의 감정을 건강하게 표현하고 조절하는 모습을 보여주는 것이 가장 좋은 감정 교육입니다.

- "아빠는 오늘 회사에서 조금 속상한 일이 있었는데, 집에 와서 너희들 웃는 얼굴 보니 힘이 난다."
- "엄마는 지금 설거지가 너무 많이 쌓여서 좀 힘들고 지치는 기분이야. 혹시 진민이가 옆에서 그릇 물기만 닦아주면 정말 고마울 것 같아."
- 부부 사이에 의견 다툼이 있을 때도, 서로 비난하기보다는 자신의 감정을 차분히 설명하고 상대방의 이야기를 듣는 모습을 보여주세요. (예: "나는 당신이 그렇게 말해서 좀 서운했어.")

공감의 씨앗을 심는 부모

아이의 마음에 감정의 언어를 심어주는 것은 하루아침에 이루어지지 않습니다. 하지만 부모가 꾸준히 아이의 감정에 귀 기울이고, 공감해 주며, 적절한 표현법을 함께 찾아나가는 과정 속에서 아이는 자신과 타인의 마음을 이해하는 따뜻한 사람으로 성장할 것입니다. 오늘, 우리 아이의 작은 감정 하나에 더 깊이 귀 기울여보는 것은 어떨까요? 그 작은 시작이 아이의 마음에 커다란 '공감의 나무'를 키우는 첫걸음이 될 것입니다.

핑크색은 여자아이,
파란색은 남자아이?

: 성 고정관념 없는 놀이와 교육

"우리 아들은 공룡이랑 자동차만 좋아해요. 인형은 쳐다도 안 봐요."

"딸아이라 그런지 핑크색 옷만 입으려고 하고, 그림 그리는 거랑 꾸미는 걸 좋아하네요."

아이를 키우다 보면 이런 말들을 하거나 듣게 되는 경우가 많습니다. 물론 아이마다 타고난 기질과 성향이 다르기 때문에 특정 분야에 더 흥미를 보이는 것은 자연스러운 일입니다. 하지만 혹시 우리도 모르는 사이에 "남자아이는 이래야 해", "여자아이는 저래야 해"라는 보이지 않는 틀로 아이의 가능성을 제한하고 있지는 않을까요? 이 장에서는 우리 아이들이 '남자다움'이나 '여자다움'이라는 성별의 감옥에 갇히지 않고, 자신만의 고유한 색깔과 잠재력을 마음껏 펼칠 수 있도록 돕는 '성 고정관념 없는 놀이와 교육'에 대해 이야기 나누고자 합니다. 이것은 아이에게 더 넓은 세상을 보여주고, 다양성을 존중하는 마음을 키워주는 매우 중요한 '돌봄의 실천'입니다.

알록달록 장난감 세상
: "네가 좋아하는 게 정답이야!"

장난감 가게에 가면 흔히 남자아이 코너와 여자아이 코너가 나뉘어 있습니다. 로봇, 자동차, 공룡은 주로 파란색 계열로 남자아이 코너에, 인형, 주방놀이, 액세서리는 핑크색 계열로 여자아이 코너에 진열되어 있죠. 하지만 정말 그럴까요?

:: **아들이 인형이나 주방놀이를 좋아한다면?**

- 이렇게 반응해 주세요: "우와, 우리 상현이가 이 아기 인형이 마음에 드는구나! 아기에게 우유도 주고, 자장자장 재워줄 수도 있겠네. 상현이는 정말 다정한 오빠/형아가 될 수 있겠다!" 또는 "이 프라이팬이랑 채소 장난감으로 맛있는 요리 해줄 거야? 아빠/엄마는 상현이가 만들어주는 음식 빨리 먹어보고 싶은데!"

- 피해 주세요: "에이, 그건 여자애들이 가지고 노는 거야. 저기 멋진 칼이랑 방패 보러 가자." (아이의 자연스러운 흥미를 억누르고, 성별에 따른 놀이의 경계를 만들게 됩니다.)
- 왜 좋을까요?: 역할 놀이는 아이의 사회성, 공감 능력, 상상력을 키우는 데 매우 중요합니다. 남자아이가 인형 놀이나 주방 놀이를 통해 다른 사람을 돌보는 마음과 섬세한 감정을 배울 수 있습니다.

:: 딸이 자동차나 공룡, 로봇을 좋아한다면?

- 이렇게 반응해 주세요: "명지가 이 커다란 티라노사우루스 공룡을 골랐네! 정말 힘세고 멋지다! 이 공룡은 뭘 먹고 살았을까? 우리 같이 공룡 책 찾아볼까?" 또는 "이 변신 로봇 정말 근사한데! 명지가 조립해서 악당을 물리치는 정의의 용사가 되어보는 건 어때?"

- 피해 주세요: "여자아이가 그런 걸 가지고 놀면 험해져. 예쁜 바비 인형 골라보자." (아이의 탐구심과 도전 정신을 위축시키고, 고정된 여성성을 강요할 수 있습니다.)
- 왜 좋을까요?: 자동차, 공룡, 로봇과 같은 장난감은 아이의 공간

지각 능력, 문제 해결 능력, 과학적 호기심을 자극합니다. 여자아이가 이러한 놀이를 통해 다양한 분야에 대한 흥미를 키우고 자신의 잠재력을 발견할 수 있습니다.

옷과 외모
: '편안함'과 '개성'이 우선!

"여자는 얌전하게 치마 입어야지", "남자는 머리 짧아야 씩씩해 보이지"와 같은 말도 아이들에게는 큰 압박이 될 수 있습니다.

1) **아이의 선택 존중하기:** 옷을 고를 때는 아이의 의견을 최대한 존중해 주세요. 물론 계절이나 상황에 맞는 옷을 선택하도록 도와주는 것은 부모의 역할이지만, 색깔이나 디자인에 있어서는 아이의 취향을 우선으로 고려해 주는 것이 좋습니다.
   - 예시: 딸이 활동적인 바지를 더 좋아한다면 굳이 치마를 강요할 필요가 없습니다. 아들이 좋아하는 캐릭터가 그려진 핑크색 티셔츠를 입고 싶어 한다면, 그 마음을 지지해 주세요. "네가 좋아하는 옷을 입으니 기분이 더 좋지? 오늘 아주 멋져 보이는데!"

2) **외모에 대한 긍정적 메시지:** 아이의 외모를 평가하기보다는, 건강하고 밝은 모습 자체를 칭찬해 주세요.
   - 예시: "우리 딸, 머리 예쁘게 묶으니까 공주님 같네"라는 말보다는, "오늘 머리 깔끔하게 묶으니 운동할 때 정말 편하겠다! 활기차 보

여서 좋다!" 혹은 "우리 아들, 머리 짧게 자르니 더 씩씩해 보이네"라는 말보다는 "새로운 머리 스타일도 잘 어울리는데? 네 마음에 드니 다행이다!"처럼 아이의 감정과 활동성에 초점을 맞춰주세요.

책과 미디어
: 다양한 세상을 보여주는 창문

아이들이 접하는 책과 미디어는 세상을 배우는 중요한 창문입니다. 이 창문을 통해 다양한 역할 모델과 가능성을 보여주세요.

1) **다양한 역할 모델 제시:** 공주를 구하는 왕자님, 요리하는 엄마와 일하는 아빠만이 전부가 아님을 알려주세요. 용감한 여자 소방관, 섬세한 남자 간호사, 우주를 탐험하는 여성 과학자, 아이들을 돌보는 남성 유치원 교사 등 다양한 성별과 직업을 가진 사람들이 등장하는 책이나 영상을 함께 보세요.

2) **미디어 비판적으로 보기:** 아이와 함께 TV나 유튜브를 보다가 성 고정관념을 강화하는 장면이 나온다면, 그냥 넘어가지 말고 이야기를 나눠보세요.
   - 예시: "만화 속에서 왜 항상 여자 주인공은 위험에 빠지고 남자 주인공이 구해줄까? 여자 주인공도 스스로 문제를 해결할 수 있지 않을까?", "이 광고에서는 왜 엄마만 아기 기저귀를 갈아주는 모습이 나올까? 아빠도 기저귀 잘 갈 수 있는데 말이야."

이런 대화를 통해 아이는 미디어를 무비판적으로 수용하는 대신, 자신만의 생각을 키우는 미디어 리터러시 능력을 기를 수 있습니다.

일상생활 속 역할 모델
: 부모가 먼저 보여주세요!

아이에게 가장 강력한 영향력을 미치는 것은 바로 부모의 일상적인 모습입니다. 가정 내에서 성 평등한 모습을 보여주는 것이 최고의 교육입니다.

1) **함께하는 가사 노동:** 요리는 엄마만, 공구 다루는 건 아빠만 하는 것이 아니라, 부부가 함께 집안일을 나누어 하는 모습을 보여주세요. "오늘은 아빠가 맛있는 카레를 요리하고, 엄마는 청소기를 돌릴게. 우리 윤재는 뭘 도와줄 수 있을까?"

2) **서로 존중하는 부부 대화:** 중요한 일을 결정할 때 부부가 서로의 의견을 경청하고 동등하게 결정하는 모습을 보여주세요. 감정을 표현할 때도 성별에 따른 차이 없이 솔직하고 건강하게 소통하는 모습을 보여주는 것이 중요합니다(예: 아빠도 힘들거나 슬플 때 눈물을 보일 수 있고, 엄마도 화가 나거나 자신의 의견을 단호하게 주장할 수 있다는 것을 자연스럽게 보여주세요)

가능성의 날개를 달아주는 부모

성 고정관념 없는 양육은 아이에게 '이것도 해도 되고, 저것도 해도 된다'는 더 많은 선택지와 가능성을 열어줍니다. 남자아이라서, 여자아이라서 꿈을 포기하거나 주저하는 일 없이, 자신만의 빛깔과 재능을 마음껏 펼치며 살아갈 수 있도록 돕습니다.

우리 아이들이 살아갈 미래는 지금보다 훨씬 더 다양하고 빠르게 변화할 것입니다. 그 변화의 물결 속에서 유연하게 적응하고, 타인과 협력하며, 자신만의 행복을 찾아갈 수 있는 힘. 그 힘은 바로 '나다움'을 있는 그대로 존중받고 사랑받았던 어린 시절의 경험에서 비롯됩니다. 오늘, 우리 아이에게 채워주려던 핑크색이나 파란색 물감 대신, 알록달록한 무지개색 크레파스를 손에 쥐여주는 것은 어떨까요? 그 작은 변화가 아이의 미래에 얼마나 큰 가능성의 날개를 달아줄지 기대하면서 말입니다.

"내 몸은 내 거야!"

: 어린이를 위한 동의와 경계 존중 교육

　사랑하는 우리 아이, 세상 무엇과도 바꿀 수 없는 소중한 존재이지요. 아이를 안전하게 지키고 건강하게 키우고 싶은 것이 모든 부모의 마음일 겁니다. 그중에서도 '성'과 관련된 문제는 늘 조심스럽고 어렵게 느껴집니다. 하지만 '내 몸의 소중함'과 '타인의 몸을 존중하는 법'을 가르치는 것은 아이의 안전과 건강한 관계 형성을 위해 아주 어릴 때부터 시작해야 하는 매우 중요한 교육입니다. 어렵게 생각하지 마세요. 일상에서 아이의 눈높이에 맞춰 자연스럽게 알려주는 방법들이 있습니다.

'내 몸은 소중해, 그리고 네 몸도 소중해'
: 몸의 주인 인식하기

가장 먼저 아이에게 자신의 몸이 얼마나 소중하고 특별한 존재인지 알려주어야 합니다. 그리고 동시에 다른 사람의 몸 또한 똑같이 소중하다는 것을 가르쳐야 합니다.

- **신체 부위의 정확한 명칭 알려주기:** 쉬쉬하거나 얼버무리지 말고, 아이가 자신의 몸에 대해 궁금해할 때 눈, 코, 입처럼 생식기를 포함한 모든 신체 부위의 정확한 명칭을 자연스럽게 알려주세요. "여기는 너의 소중한 '음경/음순'이야. 아무나 함부로 만지거나 봐서는 안 되는 곳이란다."처럼요. 이는 아이가 자신의 몸에 대해 긍정적인 인식을 갖고, 불편한 상황이 생겼을 때 정확하게 표현하는 데 도움이 됩니다.

- **'좋은 느낌'과 '싫은 느낌' 구분하기:** 아이가 스킨십에 대해 어떤 느낌을 받는지 자주 물어봐 주세요. "할머니가 꼭 안아주시니 기분이 어때?", "친구가 간지럼 태우니까 어땠어?" 등을 통해 아이가 자신의 감정을 표현하도록 돕습니다. 이를 통해 아이는 자신이 좋아하는 접촉과 싫어하는 접촉을 구분하고, 싫은 느낌에 대해서는 거부할 수 있다는 것을 배우게 됩니다.

'안 돼!'라고 말해도 괜찮아
: 동의와 거절의 권리 가르치기

'동의(Consent)'라는 개념은 아주 어린 아이들에게도 이해하기 쉽게 가르칠 수 있습니다. 핵심은 '내 몸에 대한 결정권은 나에게 있다'는 것입니다.

- **스킨십 전에 물어보기:** 부모님부터 아이에게 스킨십을 할 때 먼저 물어보는 모범을 보여주세요. "엄마/아빠가 한번 안아줘도 될까?", "뽀뽀해도 괜찮아?" 아이가 "아니"라고 하거나 고개를 젓는다면, "알겠어, 그럼 다음에 하자"라며 아이의 의사를 존중해 주세요. 이를 통해 아이는 자신의 거절이 존중받는 경험을 하며, 타인에게도 똑같이 해야 한다는 것을 배웁니다.

- **원치 않는 스킨십은 거절해도 된다고 알려주기:** 할아버지, 할머니, 친척, 혹은 친구라 할지라도 아이가 원치 않는 포옹, 뽀뽀를 억지로 참을 필요가 없다고 분명히 알려주세요. "네가 싫으면 '싫어요', '안 돼요'라고 말해도 괜찮아. 네 몸은 네 거니까."라고 용기를 주세요. 어른들에게 예의 바르게 행동하는 것과 자신의 몸을 지키는 것은 다른 문제임을 이해시켜야 합니다.

- **비밀은 위험할 수 있어요:** "이건 우리 둘만의 비밀이야"라며 접근하는 어른이 있다면, 그건 '나쁜 비밀'일 수 있다고 알려주세요. 특히 몸과 관련된 비밀, 불편하거나 무서운 느낌이 드는 비밀은 반드시 부모님이나 믿을 수 있는 어른에게 이야기해야 한다고 가르쳐야 합니다.

'팬티 속은 비밀 공간이야'
: 개인적인 공간 존중하기

수영복이나 팬티로 가리는 몸의 부분은 누구도 함부로 보거나 만져서는 안 되는 '비밀 공간'임을 알려주세요.

- 나의 비밀 공간, 너의 비밀 공간: "네 팬티 속은 너만 볼 수 있는 소중한 곳이야. 다른 사람 팬티 속도 함부로 보거나 만지면 안 돼." 라고 명확히 설명해 주세요.
- 도움이 필요할 땐 괜찮아: 하지만 아프거나 다쳐서 병원에 가거나, 부모님이 씻겨주실 때처럼 도움이 필요한 경우에는 의사 선생님이나 부모님이 비밀 공간을 볼 수도 있다고 알려주어 혼란스럽지 않게 합니다. 중요한 것은 아이가 불편하거나 싫은 느낌 없이, 안전하다고 느끼는 상황에서 이루어져야 한다는 점입니다.

놀이와 그림책을 활용한 자연스러운 교육

아이들에게는 직접적인 설명보다 놀이나 그림책을 통한 간접적인 교육이 더 효과적일 수 있습니다.

- **역할 놀이:** 인형이나 장난감을 가지고 "싫어! 내 몸 만지지 마!"라고 말하는 역할 놀이를 해보세요. 아이가 자신의 의사를 표현하는 연습을 재미있게 할 수 있습니다.
- **그림책 함께 읽기:** 몸의 소중함, 동의, 경계 존중 등을 주제로 한 좋은 그림책들이 많이 있습니다. 아이와 함께 그림책을 읽고, 책 속 등장인물의 감정에 대해 이야기를 나누며 자연스럽게 성교육의 개념을 전달할 수 있습니다.

부모님의 역할
: 편안하고 신뢰받는 대화 상대가 되어주세요

아이들이 성과 관련된 문제나 불편한 감정을 느꼈을 때, 가장 먼저 부모님을 찾을 수 있도록 평소에 편안하고 개방적인 대화 분위기를 만들어주는 것이 중요합니다. 어떤 이야기를 하든 비난하거나 다그치지 않고, 아이의 말을 끝까지 들어주고 지지해주는 모습을 보여주세요. "네가 어떤 이야기를 해도 엄마/아빠는 항상 네 편이야."라는 믿음을 심어주는 것이야말로 우리 아이를 모든 위험으로부터 지키는 가장 든든한 울타리가 됩니다. 이러한 '몸 존중 교육'은 단번에 끝나는 것이 아니라, 아이의 성장에 맞춰 꾸준히 이루어져야 합니다. 오늘 나눈 작은 대화 하나, 함께 읽은 그림책 한 권이 우리 아이의 마음속에 건강한 '돌봄의 씨앗'을 심어, 자신과 타인을 존중하는 멋진 어른으로 자라나는 밑거름이 될 것이라 믿습니다.

친구 관계와 갈등 해결
: 공감과 배려를 배우는 놀이터

"엄마, ○○가 나랑 안 놀아줘!"
"선생님, △△가 제 장난감 빼앗아 갔어요!"

유치원이나 초등학교에 다니는 자녀를 둔 부모님이라면 이런 하소연을 한 번쯤 들어보셨을 겁니다. 아이에게 '친구'는 세상의 전부와도 같은 존재가 되기도 하고, 때로는 가장 큰 슬픔을 안겨주는 존재가 되기도 합니다. 이처럼 또래 관계는 아이의 사회성 발달에 있어 매우 중요하며, 그 과정에서 아이들은 수많은 기쁨과 함께 필연적으로 갈등과 어려움을 경험하게 됩니다. 이 장에서는 우리 아이들이 친구들과 건강하고 즐거운 관계를 맺고, 갈등 상황을 지혜롭게 해결하며, 나아가 서로를 공감하고 배려하는 마음을 키울 수 있도록 부모가 도울 수 있는 구체적인 방법들을 살펴보고자 합니다. 기억해 주세요. 친구 관계라는 '놀이터'는 아이들이 넘어지고 부딪히며 평생 가져갈 중요한 삶의 기술을 배우는 소중한 배움터라는 사실을 말입니다. 부모의 역할은 모든 문제를 대신 해결해 주는 해결사가 아니라, 아이 스스로 그 기술을 익히도록 돕는 따뜻한 안내자입니다.

건강한 우정의 씨앗 뿌리기
: 나누고, 협력하고, 공감하는 아이

좋은 친구 관계는 하루아침에 만들어지지 않습니다. 어릴 때부터 일상에서 작은 성공 경험들이 쌓여 건강한 우정의 밑거름이 됩니다.

:: "우리 같이 쓸까?"
– 나눔과 차례 지키기의 즐거움

아이들은 자기중심적인 성향이 강해 '나누는 것'을 어려워할 수 있습니다. 강요하기보다는 나눔의 즐거움을 경험하게 해 주세요.

◆ **상황 예시:** 두 아이가 하나의 크레파스 통을 가지고 서로 자기가 좋아하는 색만 쓰려고 다툴 때.

◆ **이렇게 도와주세요:** "둘 다 이 노란색 크레파스를 쓰고 싶구나. 그럼 이렇게 해보는 건 어때? 수지가 먼저 해님을 그리고, 그동안 준영이는 옆에서 다른 색으로 풀밭을 그리는 거야. 수지가 해님을 다 그리면 준영이에게 노란색을 건네줘. 준영이가 나비를 그릴 수 있도록 말이야. 번갈아 쓰면 둘 다 멋진 그림을 완성할 수 있겠다!" (타이머를 활용하거나, "다섯 번 세고 바꿔주기"처럼 구체적인 규칙을 정해주는 것도 좋습니다.)

◆ **가정에서도 연습해요:** 간식을 먹을 때 "동생 먼저 한 입 주고, 너도 한 입 먹을까?", 장난감을 가지고 놀 때 "이 블록은 네가 먼저 쌓고, 다음엔 언니가 쌓아보자"처럼 일상에서 자연스럽게 나눔과 순서 지키기를 경험하게 해 주세요.

∷ "힘을 합치면 더 멋질 거야!"
– 협력과 팀워크의 마법

혼자 하는 것보다 함께할 때 더 큰 성취감을 느낄 수 있다는 것을 알려주세요.

◆ **상황 예시:** 아이들이 각자 블록으로 따로 놀고 있을 때.

- **이렇게 제안해 보세요:** "와, ○○이는 멋진 자동차를 만들었네! △△는 튼튼한 다리를 만들었고! 혹시 두 사람이 만든 걸 합쳐서 '다리를 건너는 자동차' 이야기를 만들어 보면 어떨까? 훨씬 더 재미있을 것 같은데!"
- **협동 놀이를 격려해요:** 퍼즐 맞추기, 함께 그림 그리기, 요리하기 등 공동의 목표를 가지고 힘을 합쳐야 하는 놀이는 아이들의 협동심을 길러줍니다.

∷ "친구가 속상하겠다"
- 다른 사람의 마음 헤아리기(공감 능력)

친구의 감정을 읽고 그 마음에 공감하는 연습이 필요합니다.

- **상황 예시:** 놀이터에서 한 아이가 그네를 타다 넘어져 울고 있을 때.

- **이렇게 이야기 나눠보세요:** "저런, 친구가 그네에서 떨어져서 많이 아픈가 봐. 표정이 어때 보여? 엉엉 우는 걸 보니 정말 아프고 속상하겠다. 만약 네가 저렇게 넘어졌다면 어떤 마음일 것 같아?"

(아이의 대답을 기다린 후) "그래, 정말 아프고 창피했을 거야. 우리가 가서 '괜찮니?'하고 물어봐 줄까?"

- ◆ **일상에서 연습해요:** 그림책을 읽거나 TV를 보면서 등장인물의 감정에 대해 자주 이야기 나누세요. "주인공이 왜 화가 났을까?", "저 친구는 지금 어떤 기분일 것 같아?"

∷ "내가 도와줄게!"
– 배려와 친절은 최고의 선물

작은 친절과 배려가 친구 관계를 얼마나 따뜻하게 만드는지 경험하게 해 주세요.

- ◆ **상황 예시:** 친구가 무거운 물건을 들고 낑낑거리고 있을 때.

- ◆ **이렇게 격려해 주세요:** "친구가 혼자 들기에는 좀 무거워 보이는데, 네가 한쪽을 같이 들어주면 친구가 훨씬 수월할 것 같지 않아? '내가 도와줄까?'하고 물어볼래?"

- ◆ **칭찬은 구체적으로:** 아이가 배려하는 행동을 보였을 때, "○○이가 친구 문을 잡아줘서 친구가 고맙다고 하네. 정말 멋진 행동이야. 엄마/아빠도 네가 자랑스러워"처럼 구체적으로 칭찬

"왜 싸웠을까?"
: 갈등을 성장의 기회로 바꾸는 지혜

아이들의 세상에서 다툼은 피할 수 없는 일입니다. 중요한 것은 다툼 자체가 아니라, 그 갈등을 어떻게 해결해 나가는지를 배우는 과정입니다.

- 부모는 침착한 중재자: 아이들이 싸울 때 부모가 흥분하거나 바로 한쪽 편을 들면 상황이 악화될 수 있습니다. 심호흡을 하고, 객관적이고 침착한 태도를 유지하려 노력하세요.
- 각자의 이야기 들어주기 (feat. '나 전달법'): 아이들을 진정시킨 후, 각자의 입장에서 무슨 일이 있었고 어떤 감정을 느꼈는지 충분히 이야기하도록 합니다. 이때 '너 때문에'가 아닌 '나'를 주어로 말하는 '나 전달법(I-message)'을 사용하도록 격려해 주세요.
- 이렇게 도와주세요: "두 사람 다 많이 속상했구나. 무슨 일이 있었는지 한 사람씩 차근차근 이야기해 줄래? 먼저 지수부터 이야기해 볼까? '나는 네가 (행동)해서 (감정) 기분이 들었어' 이렇게 말해주는 거야." (예: "나는 네가 내 허락도 없이 색연필을 가져가서 정말 화가 났어.")
- 다른 아이가 이야기할 때는 끼어들지 않고 끝까지 듣는 연습도 중요합니다.

1) **함께 해결책 찾아보기:** 잘잘못을 따져 벌을 주기보다는, 아이들이 스스로 문제 해결 방법을 찾도록 유도합니다.
   - 이렇게 질문해 주세요: "둘 다 이 인형을 가지고 놀고 싶은데, 인형은 하나밖에 없네. 이럴 땐 어떻게 하면 좋을까? 혹시 좋은 생각이 있는 사람?" (아이들이 "번갈아 놀아요", "시간을 정해서 놀아요", "같이 가지고 놀 수 있는 방법을 찾아요" 등 다양한 아이디어를 내도록 격려합니다.)
   - 부모는 정답을 제시하기보다, 아이들의 아이디어를 존중하고 실현 가능한 해결책을 함께 찾아가는 조력자 역할을 합니다.

2) **진심 어린 사과와 따뜻한 화해:** 잘못한 행동에 대해서는 진심으로 사과하는 법을 가르칩니다.
   - 이렇게 안내해 주세요: "네가 밀어서 친구가 넘어져 울고 있네. 친구가 많이 아팠겠다. '내가 밀어서 미안해. 괜찮니?'하고 진심으로 사과하는 게 좋겠지?" (억지로 사과시키는 것보다, 아이가 자신의 행동이 친구에게 어떤 영향을 미쳤는지 이해하고 미안한 마음을 느끼도록 돕는 것이 중요합니다.)
   - 사과를 받은 아이에게는 "친구가 사과했으니 이제 마음이 좀 풀렸니? 우리 다시 재미있게 놀까?"라며 화해의 분위기를 만들어 주는 것도 좋습니다.

친구 관계의 다양한 고민들, 슬기롭게 헤쳐 나가기

◆ "나랑 안 놀아줘!" - 소외감에 대처하는 법

아이가 친구들 무리에 끼지 못해 속상해할 때는 먼저 아이의 마음을 충분히 공감해 주세요. "친구들이 같이 안 놀아줘서 정말 서운하고 외로웠겠다." 그리고 아이에게 "친구들에게 '나도 같이 놀아도 될까?'하고 용기 내어 물어보는 건 어때?"라고 제안하거나, 다른 놀이에 관심을 돌리도록 도와줄 수도 있습니다. 모든 아이가 항상 모든 아이와 어울려 놀아야 하는 것은 아니지만, 소외되는 아이가 없도록 부모와 교사의 세심한 관심이 필요합니다.

◆ "내 말만 들어!" 혹은 "맨날 나만 시켜!" - 관계의 균형 잡기

유난히 자기주장이 강해 친구들을 이끌려고만 하는 아이, 혹은 반대로 자기 의견을 잘 표현하지 못하고 끌려다니는 아이에게는 건강한 관계의 균형을 가르쳐주어야 합니다. 자기주장이 강한 아이에게는 친구의 의견도 존중하고 양보하는 법을, 소극적인 아이에게는 자신의 생각과 감정을 존중받으며 표현하는 연습을 시켜 주세요(예: "나는 그 놀이 말고 다른 거 하고 싶은데, 우리 번갈아 가면서 하고 싶은 거 정하면 어떨까?").

◆ "쟤가 나보고 바보래!" - 놀림과 괴롭힘에 대처하기

장난스러운 놀림과 상처를 주는 괴롭힘은 다릅니다. 아이에게 어떤 말이 기분을 나쁘게 하는지, 그럴 때는 어떻게 자신의 감정을

표현하고 대처해야 하는지 알려주세요. "네가 나한테 '바보'라고 해서 정말 기분 나빠. 앞으로 그런 말 하지 않았으면 좋겠어."라고 단호하게 말하는 연습을 시킵니다. 만약 놀림이나 괴롭힘이 반복되거나 심각하다고 판단되면, 반드시 부모님이나 선생님께 도움을 요청해야 한다고 알려주세요.

돌봄의 마음이 자라는 우정의 놀이터

친구 관계는 아이들에게 세상을 살아가는 데 필요한 수많은 지혜를 가르쳐주는 소중한 학교입니다. 때로는 웃고 떠들며 한없이 즐겁지만, 때로는 다투고 토라지며 눈물 짓기도 합니다. 이 모든 과정에서 아이들은 자신과 타인을 이해하고, 공감하며 배려하는 법을 배우고, 갈등을 해결하는 용기와 지혜를 터득해 나갑니다.

부모는 이 멋진 배움의 놀이터에서 아이가 넘어졌을 때 따뜻하게 일으켜 주고, 길을 잃었을 때 방향을 안내해 주며, 새로운 도전을 응원하는 든든한 지원군입니다. 오늘, 우리 아이의 친구 이야기에 조금 더 귀 기울여주세요. 그리고 그 작은 세계 안에서 피어나는 '돌봄의 마음'들을 발견하고 아낌없이 칭찬해 주세요. 그 경험들이 쌓여 우리 아이는 분명 더 넓은 세상에서도 타인과 더불어 살아가는 따뜻하고 지혜로운 사람으로 성장합니다.

디지털 세상과의 첫 만남

: 스마트폰 사용 규칙과 미디어 리터러시 기초

    어느 날 아이가 "엄마, 나도 스마트폰 사주세요!"라고 조르기 시작합니다. 친구들은 다 가지고 유튜브를 보고 게임을 한다면서요. 피할 수 있다면 피하고 싶지만, 이미 우리 아이들의 삶 깊숙이 들어와 있는 디지털 세상을 언제까지나 막을 수만은 없는 노릇입니다. 부모님들의 마음속에는 '혹시 우리 아이가 유해한 콘텐츠에 노출되지는 않을까?', '스마트폰에 중독되면 어떡하지?'하는 불안감이 가득할 겁니다.

    하지만 디지털 세상을 무조건 두려워하고 막아야 할 '적'으로만 생각하기보다는, 올바르게 사용하는 법을 가르쳐야 할 강력한 '도구'로 바라보는 지혜가 필요합니다. 아이에게 칼을 쥐여주기 전에 칼의 위험성과 안전한 사용법을 가르치듯, 스마트폰이라는 디지털 도구를 쥐여주기 전후로, 부모는 아이의 첫 번째 '디지털 가이드'가 되어야 합니다. 이 장에서는 우리 아이들이 디지털 세상의 주체적인 사용자로 성장할 수 있도록 돕는 건강한 습관과 기초적인 미디어 리터러시 교육법을 함께 나누고자 합니다.

1단계: 튼튼한 기초 세우기
- "우리 집 스마트폰 약속"

아이가 스마트폰을 처음 사용하기 시작할 때, 명확한 규칙을 함께 정하고 꾸준히 지키는 것이 매우 중요합니다. 이는 아이를 통제하기 위함이 아니라, 스스로 조절하는 능력을 기르고 유해한 환경으로부터 보호하기 위한 '안전 울타리'를 만들어주는 것입니다.

- **"언제부터"보다 중요한 "어떻게"**: 스마트폰을 사주는 적절한 시기에 대한 정답은 없습니다. 각 가정의 상황과 아이의 발달 단계에 따라 다를 수 있습니다. 하지만 더 중요한 것은, 일단 사용하기 시작했다면 '어떻게' 건강한 습관을 만들어 줄 것인가입니다.

- **온 가족이 함께 만드는 약속**: 아이를 일방적으로 통제하는 규칙은 반발심을 부를 수 있습니다. 아이를 마주 앉혀놓고 왜 규칙이 필요한지 설명한 뒤, 아이의 의견을 반영하여 '우리 집 스마트폰 약속'을 함께 만들어 보세요. 그리고 잘 보이는 곳(냉장고, 아이 책상 앞 등)에 붙여두는 것이 좋습니다.

〈우리 집 스마트폰 약속 예시〉

- 1) 시간 약속: 하루에 ○○분(예: 60분)만 사용하기! (타이머를 활용하면 아이가 시각적으로 인지하기 좋습니다.)
- 2) 장소 약속: 밥 먹을 때, 잠자리에 들 때, 가족과 대화할 때는 스마트폰 '안녕'! (식탁과 침실은 '스마트폰 프리존'으로 지정합니다.)
- 3) 위치 약속: 스마트폰은 거실처럼 열린 공간에서만 사용하기! (자기 방에 혼자 가져가서 보지 않도록 하여 부모가 자연스럽게 감독할 수 있습니다.)
- 4) 콘텐츠 약속: 새로운 앱을 다운로드하거나, 유튜브 채널을 구독할 때는 꼭 엄마/아빠와 먼저 상의하기!
- 5) 비밀번호 약속: 스마트폰 비밀번호는 엄마/아빠와 함께 알기! (이는 감시가 아닌, 아이를 보호하기 위한 장치임을 설명해줍니다.)
- 6) 어길 시의 결과 약속: 약속을 지키지 못했을 경우, 다음 날 스마트폰 사용 시간을 줄이는 등 그 결과에 대해서도 미리 합의합니다.

2단계: 똑똑하게 골라보기
- "미디어 리터러시" 기초 다지기

아이들은 화면에 보이는 모든 것을 사실로 받아들이기 쉽습니다. 콘텐츠를 비판적으로 바라보고, 그 이면에 숨은 의도를 파악하는 '미디어 리터러시' 능력을 길러 주는 것이 중요합니다.

:: 광고와 콘텐츠 구분하기

- 상황 예시: 유튜브 키즈 채널에서 장난감 광고가 나올 때.
- 이렇게 알려주세요: "지민아, 지금 화면 위에 작게 '광고'라고 쓰여 있는 거 보이지? 이건 이 장난감을 만든 회사에서 우리에게 '이 장난감 사세요!'라고 말하기 위해 아주 재미있고 멋지게 만든 영상이야. 실제로 가지고 놀면 영상에서처럼 막 날아다니거나 불이 번쩍번쩍 나오지는 않을 수도 있단다."

:: 가짜와 진짜, 위험한 행동 구분하기

- 상황 예시: 만화나 게임 속 캐릭터가 폭력적인 행동을 하거나, 비현실적인 행동을 할 때
- 이렇게 이야기 나눠보세요: "만화 속 주인공이 악당을 주먹으로 마구 때려서 물리쳤네. 멋져 보이긴 하지만, 현실에서 친구랑 다툴 때 이렇게 주먹으로 해결하면 될까? 안되지. 우리는 말로 해결해야 해.", "와, 스파이더맨이 건물 사이를 막 날아다니네! 정말 멋지지만, 이건 영화 속에서만 가능한 일이야. 사람이 높은 곳에서 뛰어내리면 아주 크게 다치니까 절대 따라 하면 안 돼."

:: 자극적인 콘텐츠의 위험성 알려주기

- 아이들이 좋아하는 '먹방'이나 '실험' 영상 중에는 지나치게 맵거나, 이상한 음식을 먹거나, 위험한 실험을 하는 등 자극적인 내용이 많습니다.

- 이렇게 지도해 주세요: "이 유튜버는 사람들의 관심을 끌기 위해 아주 맵거나 이상한 음식을 억지로 먹고 있네. 저렇게 먹으면 배가 아프거나 건강에 아주 나쁠 수 있어. 우리는 재미있다고 그냥 따라 하면 절대 안 된단다."

3단계: 안전한 시민 되기
– "온라인 예절과 안전 수칙"

디지털 세상은 또 하나의 사회입니다. 그 안에서도 지켜야 할 예절과 안전 수칙이 있습니다.

:: 온라인에서도 예쁜 말, '돌봄의 언어' 사용하기

- 상황 예시: 아이가 온라인 게임 채팅이나 댓글에 참여하기 시작할 때.
- 이렇게 가르쳐주세요: "준수야, 얼굴이 보이지 않는다고 해서 친구에게 '바보', '멍청이' 같은 나쁜 말을 쓰면 안 돼. 글씨에도 네 마음이 담겨서 친구가 똑같이 상처받는단다. 온라인에서도 친구를 만나면 '안녕?'하고 인사하고, 고마울 땐 '고마워'라고 표현하는 멋진 사람이 되자."

:: '개인정보'는 우리 가족의 소중한 비밀

- 아이들이 무심코 개인정보를 유출하지 않도록 반복해서 알려주어야 합니다.
- 이렇게 약속해요: "우리 집 주소, 전화번호, 네가 다니는 유치원이나 학교 이름, 네 이름이나 얼굴이 나온 사진은 절대로 모르는 사람에게 알려주거나 인터넷에 올리면 안 돼. 이건 우리 가족만 아는 소중한 비밀이야. 혹시 누가 물어보면 꼭 엄마/아빠한테 먼저 이야기해 줘."

:: 낯선 사람과의 만남은 절대 NO!:

- 온라인 그루밍 등 잠재적 위험으로부터 아이를 보호하기 위한 가장 중요한 규칙입니다.
- 이렇게 강조해 주세요: "온라인에서 모르는 사람이 말을 걸거나, 같이 게임하자고 하거나, 선물을 보내준다고 하면 어떻게 해야 할까? 맞아. 아무 대답도 하지 말고, 무시하고, 그 화면을 바로 엄마/아빠에게 와서 보여주는 거야. 절대로 혼자서 만나러 가거나, 화상 통화를 해서는 안 돼."

:: 부모의 역할: 감시자가 아닌, 함께 탐험하는 가이드

아이의 디지털 생활을 건강하게 이끌기 위해 부모는 멀리서 지켜보는 감시자가 아니라, 옆에서 함께 길을 찾아주는 따뜻한 가이드가 되어야 합니다.

- **함께 보고 함께 놀아 주세요:** 아이가 좋아하는 유튜브 채널을 함께 보고, 즐겨 하는 게임을 같이 해보세요. 아이의 관심사를 이해하고 공감대를 형성할 수 있을 뿐만 아니라, 어떤 콘텐츠에 노출되고 있는지 자연스럽게 파악하고 대화를 나눌 수 있습니다. "이 게임은 이런 점이 재미있구나! 그런데 이 부분은 조금 폭력적인 것 같아서 엄마/아빠는 걱정이 되네. 우리 다음엔 함께 만들거나 키우는 게임을 해보는 건 어떨까?"
- **처벌보다 대화를 먼저:** 아이가 약속을 어기거나 부적절한 콘텐츠를 본 것을 알게 되었을 때, 무조건 화를 내거나 스마트폰을 빼앗는 것은 최선이 아닙니다. 이는 아이가 문제를 숨기게 만들 뿐입니다. 먼저 차분하게 왜 그런 행동을 했는지, 무엇을 보았는지, 어떤 느낌이었는지 대화를 나누고, 무엇이 문제인지, 왜 규칙이 필요한지를 다시 한번 설명해 주는 것이 중요합니다.
- **열린 소통 창구 유지하기:** 가장 중요한 것은, 아이가 디지털 세상에서 겪는 어떤 문제든 부모에게 솔직하게 털어놓을 수 있는 신뢰 관계를 만드는 것입니다. "인터넷에서 이상하거나 무서운 걸 보면 언제든지 엄마/아빠한테 이야기해도 괜찮아. 절대 혼내지 않고, 널 도와줄게."라는 믿음을 심어주세요.

디지털 세상 속 돌봄의 씨앗

디지털 기기를 올바르게 사용하는 법을 가르치는 것은, 21세기를 살아갈 우리 아이에게 필수적인 생존 기술을 알려주는 것과 같습니다. 이는 또한 '돌봄' 교육의 중요한 연장선입니다. 나 자신을 유해한 환경으로부터 보호하는 '자기 돌봄', 타인을 존중하고 배려하는 '온라인에서의 타인 돌봄', 그리고 안전하고 건강한 디지털 문화를 함께 만들어 나가는 '공동체 돌봄'까지 모두 포함하기 때문입니다.

규칙은 억압이 아니라 보호를 위한 약속이며, 부모의 관심은 감시가 아니라 사랑의 표현입니다. 우리 아이들이 디지털이라는 강력한 도구를 지혜롭고 안전하게 사용하며, 더 넓은 세상과 건강하게 소통하는 멋진 시민으로 성장할 수 있도록, 오늘부터 아이와 함께 '디지털 세상 탐험'을 시작해 보시는 것은 어떨까요?

4부

십대, '나'와 '우리'를 돌보는 마음 성장수업

– 중·고등학생을 위한 가이드

| 질풍노도의 시기, 내 마음 돌보기부터 시작하자 |

안녕?
아마 이 글을 읽고 있는 너는 지금, 인생에서 가장 복잡하고 정신없는 터널을 지나고 있을지도 모르겠어. 하루에도 열두 번씩 기분이 롤러코스터를 타고, 어른들은 아무것도 몰라주는 것 같아 답답하고, 친구 관계는 왜 이렇게 어려운지, 시험과 성적, 그리고 보이지 않는 미래는 그저 막막하게만 느껴지는 그런 시기 말이야. 어른들은 종종 너희들의 시기를 '질풍노도의 시기'라는 한마디로 쉽게 정리하곤 해. 하지만 그 한마디에 담기에는 너의 고민은 너무나도 구체적이고, 너의 감정은 너무나도 생생하지. 때로는 모든 걸 다 잘 해내고 싶은 마음과, 아무것도 하고 싶지 않은 마음 사이에서 길을 잃기도 하고, '진짜 나는 누구일까?'라는 질문에 밤잠을 설치기도 할 거야.

이 책의 4부는 바로 그런 너를 위해 쓰였어. 어른들의 잔소리나 뻔한 교과서 같은 이야기가 아니야. 혼란스러운 너의 마음을 다독이고, 복잡한 관계 속에서 너 자신을 지키며, 더 단단하고 따뜻한 사람으로 성장할 수 있도록 돕는 작은 안내서가 되고 싶어. 우리는 여기서 '돌봄'이라는 키워드를 이야기할 거야. '돌봄'이라고 하면 아기를 돌보거나, 약한 사람을 돕는 것만 생각할 수 있지만, 사실 가장 먼저 돌봄이 필요한 사람은 바로 '나 자신'이야. 요동치는 내 마음의 소리에 귀 기울여 주고, 힘든 나를 다독여 주며, 나만의 속도를 찾아가는 것. 이것이 바로 '자기 돌봄'이고, 모든 관계의 시작이자 가장 중요한 힘이란다. 이 수업에는 정답은 없어. 대신 너 스스로 답을 찾아갈 수 있도록 돕는 질문과 힌트, 그리고 작은 용기들이 담겨 있을 거야. 자, 그럼 준비됐니? 폭풍우 치는 바다 위에서 허우적대는 대신, 나만의 멋진 서핑보드를 타고 파도를 가르는 법을 배우러 함께 떠나보자. 그 첫걸음은 바로 '나'라는 파도를 이해하는 것에서부터 시작될 거야.

1장

나는 누구?

다양한 '나'를 존중하고 사랑하기

"나는 대체 누구일까?"

혹시 이런 질문을 스스로에게 던져본 적 있니? 아마 많을 거야. 십대는 수많은 '나'와 함께 살아가는 시기거든. 부모님 앞에서는 착하고 말 잘 듣는 '나', 친구들 앞에서는 유행에 민감하고 유머러스한 '나', 학원에서는 조용히 공부만 하는 '나', SNS 속에서는 세상 힙하고 행복해 보이는 '나', 그리고 이불 속에 숨어서 아무도 모르는 고민에 휩싸이는 '나'까지. 이 다양한 모습들이 때로는 너무 달라서, 어떤 게 진짜 '나'인지 혼란스러울 수 있어. 마치 여러 개의 가면을 바꿔 쓰는 기분이 들지도 몰라. 하지만 여기서 아주 중요한 사실 하나를 먼저 이야기해 주고 싶어.

하나의 '진짜 나'라는 건 원래부터 없을지도 모른다는 것!

:: 수십 개의 앱이 깔린 스마트폰 같은 '나'

네 스마트폰을 한번 생각해 봐. 그 안에는 공부할 때 쓰는 앱, 친구와 수다 떠는 앱, 음악 듣는 앱, 사진 찍는 앱, 게임하는 앱 등 수십 개의 다양한 앱이 깔려 있을 거야. 어떤 앱은 자주 쓰고, 어떤 앱은 가끔 쓰겠지. 그렇다고 해서 어떤 앱이 '진짜 스마트폰'이고 어떤 앱이 '가짜 스마트폰'이라고 말할 수 있을까? 아니지. 그 모든 앱이 모여서 바로 '너의 스마트폰'을 이루는 거야.

우리의 모습도 마찬가지야. 네 안의 다양한 모습들은 모두 너의 소중한 일부야. 각각의 상황과 관계 속에서 필요한 역할을 해내는 너의 다른 모습들일 뿐이지. 조용한 나와 활발한 나, 이성적인 나와 감성적인 나, 이 모든 모습이 합쳐져서 바로 '너'라는 세상에 단 하나뿐인 사람을 완성하는 거란다. 그러니 더 이상 '진짜 나'를 찾으려고 애쓰며 혼란스러워하지 않아도 괜찮아. 그 모든 게 너니까.

:: SNS 속 그 애는 진짜일까?
– '비교'라는 끝없는 늪에서 빠져나오기

"○○이는 맨날 친구들이랑 좋은 데만 놀러 가네. 그에 비해 내 인생은 왜 이렇지?"

"△△는 공부도 잘하고 운동도 잘하는데, 나는 잘하는 게 하나도 없는 것 같아."

"쟤는 어떻게 저렇게 예쁘고 말랐지? 내 모습은 너무 초라해."

SNS 피드를 넘기다 보면 이런 생각에 빠져들 때가 많을 거야. 친구들의 반짝이는 '하이라이트 릴(Highlight Reel)'만 모아놓은 전시회를 보고 있는 기분이지. 하지만 명심해야 해. 그 화려한 사진 한 장이 그 친구의 24시간 전체를 보여주는 건 절대 아니라는 걸. 그 친구도 너처럼 시험 때문에 밤새우고, 부모님께 싫은 소리를 듣고, 사소한 일로 친구랑 다투고, 새로 난 여드름 때문에 하루 종일 속상해하는 순간이 분명히 있어. 사람들은 자신의 가장 빛나는 순간, 행복한 순간만을 편집해서 보여주고 싶어 하거든.

그건 어쩌면 너도 마찬가지일 거야. 다른 사람의 편집된 '결과물'과 너의 꾸밈없는 '과정' 전체를 비교하기 시작하면, 그 누구도 행복할 수 없어. 그건 애초에 공평한 게임이 아니니까. 비교의 늪에 빠져 허우적대고 싶지 않다면, 때로는 의식적으로 SNS에서 한 걸음 물러나 '나'에게 집중하는 시간이 필요해. 그리고 너에게 좋은 영감을 주는 사람, 긍정적인 에너지를 주는 사람들을 팔로우하며 너의 디지털 세상을 건강하게 가꾸는 지혜도 필요하단다.

:: 나를 알아가고 돌보는 아주 구체적인 방법들

'나를 사랑해야 한다'는 말은 너무 많이 들어서 지겨울지도 몰라. 하지만 '어떻게' 사랑해야 하는지 구체적인 방법을 아는 것이 더 중요해. 여기, 너 자신과 더 친해지고, 스스로를 따뜻하게 돌볼 수 있는 몇 가지 방법을 소개할게.

마음 일기 쓰기 (딱 5분만!): 매일 밤 잠들기 전, 딱 5분만 시간을 내서 간단하게 몇 가지 질문에 답을 적어 보는 거야. 거창할 필요 없어.

- ◆ 오늘 나를 가장 웃게 한 일은 뭐였지?
- ◆ 오늘 나에게 가장 힘든 순간은 언제였어? 그때 내 마음은 어땠지?
- ◆ 만약 아무도 나를 평가하지 않는다면, 나는 지금 뭘 가장 하고 싶을까?

이렇게 내 마음을 들여다보는 시간을 갖다 보면, 나도 몰랐던 내 생각과 감정을 발견하게 될 거야.

나만의 '강점 리스트' 만들기: 우리는 보통 '내가 못하는 것'에 집중하느라 '내가 잘하는 것'을 잊어버리곤 해. 여기서 강점은 꼭 '수학 1등급'이나 '운동신경' 같은 것만을 의미하는 게 아니야.

- ◆ 나는 친구의 이야기를 정말 잘 들어줘. (공감 능력)
- ◆ 나는 약속 시간은 꼭 지키려고 노력해. (성실함)
- ◆ 나는 웃긴 짤을 기가 막히게 잘 찾아내. (유머 감각)
- ◆ 나는 한번 시작한 게임 퀘스트는 끝까지 깨. (끈기)

이렇게 사소해 보이는 너의 좋은 점들을 하나씩 적어 봐. 생각보다 훨씬 더 멋진 사람이 바로 '나'라는 걸 알게 될걸?

스스로에게 '다정한 친구' 되어주기: 만약 너의 가장 친한 친구가 시험을 망치고 속상해한다면, 뭐라고 말해줄 것 같아? 아마 "너는 바보야, 그것밖에 못 해?"라고 하진 않겠지. "괜찮아? 이번 시험이 어려웠나 보네. 너무 속상해하지 마. 맛있는 거 먹고 기운 내!"라고 위로해 줄 거야.

- 이제 그 말을 너 자신에게 해주는 거야. 실수를 하거나 실패했을 때, 스스로를 가장 심하게 비난하는 사람이 되지 마. 대신 너의 가장 친한 친구가 되어, "괜찮아, 그럴 수 있어", "이번엔 힘들었지만, 넌 충분히 잘해왔어", "일단 좀 쉬자"라고 다정하게 말을 건네줘. 이것이 바로 '자기 연민(Self-compassion)'이고, 자존감을 지키는 가장 강력한 방법이야.

나를 사랑할 용기

'나는 누구일까?'라는 질문은 평생에 걸쳐 계속될 거야. 정답은 없어. 다양한 나의 모습을 인정하고, 타인과의 비교에서 벗어나, 나만의 강점을 발견하며, 스스로에게 다정해지는 연습을 계속해 나가는 것. 이 모든 과정이 바로 '나'를 알아가고 사랑하는 방법이야.

기억해. 자기 자신을 제대로 돌보고 사랑할 줄 아는 사람이, 다른 사람과도 건강하고 멋진 관계를 맺을 수 있다는 걸. 너라는 존재는 이 세상에 단 하나뿐인, 그 자체로 반짝이는 소중한 우주란다. 그 사실을 잊지 않는 것에서부터, 너의 멋진 마음 성장 수업은 시작될 거야.

친구 사이에도 예의가 필요해

: 건강한 우정 쌓기와 관계의 경계

    십대에게 친구란 어떤 의미일까? 아마 '세상의 전부'라고 해도 과언이 아닐 거야. 기쁜 일이 있을 때 가장 먼저 달려가 자랑하고 싶고, 속상한 일이 있을 때 누구보다 먼저 내 마음을 알아주길 바라는 사람. 같이 떡볶이를 먹고, 좋아하는 아이돌 이야기를 나누고, 의미 없는 농담에 자지러지게 웃는 것만으로도 힘이 되는 존재.

    맞아. 친구는 우리 삶에 없어서는 안 될 소중한 비타민 같은 존재지. 그런데 때로는 그 친구 때문에 가장 많이 울고, 상처받고, 힘들어하기도 해. '우리는 찐친이니까 괜찮아'라고 생각했던 행동이 서로에게 상처를 주기도 하고, '나를 어떻게 보고 그럴 수 있어?'라며 서운함에 잠 못 이루기도 하지. 이 장에서는 우리가 '친구'라는 이름 아래 어떻게 하면 더 건강하고 단단한 관계를 맺을 수 있을지, 그리고 아무리 친한 사이라도 반드시 지켜야 할 예의와 '경계선'은 무엇인지에 대해 이야기해 보려고 해. 좋은 우정은 저절로 만들어지는 게 아니라, 서로의 마음을 돌보는 노력을 통해 아름답게 가꾸어 가는 정원과도 같거든.

'아는 애'를 넘어 '찐친'이 된다는 것

매일 같이 다니고, 매점에서 빵을 사 먹는다고 해서 모두가 '진짜 친구'는 아닐 거야. 진짜 우정, 소위 말하는 '찐친' 관계에는 몇 가지 중요한 조건들이 있어.

- 믿음과 의리: 진짜 친구는 너의 비밀을 소중히 지켜줘. 네가 없는 곳에서 누군가 너에 대해 나쁘게 이야기할 때, "내 친구는 그런 애 아니야"라고 말해줄 수 있는 사람이야. 너의 가장 부끄러운 모습이나 약점을 알고도 그것을 이용하지 않고, 오히려 감싸 안아주는 사람이지. 너 역시 친구에게 그런 존재가 되어주고 있니?
- 서로 존중하기: 이건 정말 중요해! 존중은 친구와 내 생각이 항상 똑같아야 한다는 뜻이 아니야. 오히려 생각이 다를 때 그 다름을 인정해주는 태도에 가깝지.
- 예시: 네가 좋아하는 아이돌 그룹을 친구는 별로라고 말할 수 있어. 그때 "넌 보는 눈도 없냐?"라고 비난하는 대신, "아, 넌 그렇게 생각하는구나. 내 눈엔 엄청 멋있는데!"라고 웃으며 넘어갈 수 있는 것. 이게 바로 존중이야. 친구의 옷 스타일, 취미, 생각, 심지어는 좋아하는 사람까지, 나와 다르다고 해서 틀린 게 아니라는 걸

아는 마음이지.

- **진심 어린 공감:** 친구가 시험을 잘 봐서 기뻐할 때, 질투하는 마음 대신 "와, 진짜 대단하다! 네가 열심히 한 거 내가 다 아는데, 정말 축하해!"라고 진심으로 말해주는 것. 반대로 친구가 힘든 일로 울적해할 때, "힘내"라는 막연한 말보다 "무슨 일인지 말하기 싫으면 안 해도 돼. 그냥 옆에 있어 줄게"라며 조용히 어깨를 내어주는 것. 친구의 기쁨과 슬픔을 내 일처럼 함께 느껴주는 마음이 바로 공감이야.

"너 지금 선 넘었어!"
– 친구 사이에도 반드시 필요한 '경계선'

"우리가 어떤 사인데~"라는 말로 모든 걸 허용하려는 친구가 있다면, 한 번쯤 생각해 봐야 해. 아무리 친한 사이라도, 서로를 존중하기 위해 반드시 지켜야 할 '경계선(Boundary)'이 있어. 경계선은 친구 사이를 멀게 만드는 벽이 아니라, 서로의 공간을 지켜주며 관계를 더 오래, 더 건강하게 유지시켜 주는 안전장치와도 같아.

:: 사생활의 경계

- 아무리 친해도 친구의 스마트폰이나 SNS 메시지를 허락 없이 보는 건 절대 안 돼. 그건 우정이 아니라 무례함이고, 사생활 침해야. 친구의 일기장을 훔쳐보는 것과 다를 바 없지.

- 친구가 아직 말하고 싶지 않은 비밀을 억지로 캐묻지 않는 것도 중요해. "말해줄 수 있을 때까지 기다릴게"라고 말해주는 것이 진짜 친구의 모습이야.

:: **감정의 경계**

- 친구는 너의 '감정 쓰레기통'이 아니야. 물론 힘든 일이 있을 때 친구에게 털어놓고 위로받는 건 중요해. 하지만 매번 자기 힘든 이야기만 늘어놓거나, 상대방의 기분은 생각하지 않고 부정적인 감정을 쏟아내는 건 건강하지 않아.
- 친구에게 고민을 이야기하기 전에, "혹시 지금 잠깐 얘기 좀 들어줄 수 있어?"라고 먼저 물어보는 건 어떨까? 친구도 자기만의 힘든 일이 있거나, 들어줄 여유가 없는 상황일 수 있거든. 이런 작은 배려가 관계를 더 성숙하게 만들어.

:: **시간과 에너지의 경계**

- 친구도 너와 마찬가지로, 공부해야 할 시간이 있고, 가족과 보내야 할 시간이 있으며, 혼자 쉬고 싶은 시간이 있어. 내가 원할 때마다 친구가 항상 나를 위해 시간을 내주어야 한다고 생각하는 건 이기적인 마음일 수 있어. 친구의 시간을 존중하고, 약속을 잡을 때는 미리 상의하는 것이 기본 예의야.

싸우면서 큰다고?
슬기롭게 싸우고 똑똑하게 화해하기

세상에 단 한 번도 싸우지 않는 친구는 아마 없을 거야. 중요한 건 싸우지 않는 게 아니라, 싸운 뒤에 어떻게 해결하고 관계를 회복하느냐야. 갈등은 우정을 끝내는 장애물이 아니라, 서로에 대해 더 깊이 이해하고 관계를 더 단단하게 만드는 디딤돌이 될 수 있어.

:: **이것만은 제발! (싸울 때 절대 하지 말아야 할 행동)**

- **인신공격:** 싸우는 이유와 상관없이 상대방의 외모, 가족, 성적 등을 들먹이며 상처 주는 말 하지 않기.
- **과거 소환:** "너 작년에도 그랬잖아!"라며 이미 끝난 옛날 일까지 끌어들이지 않기.
- **뒷담화:** 친구와 직접 풀 생각은 안 하고, 다른 친구들에게 그 친구 험담하며 내 편 만들지 않기.

:: **이렇게 해보자! (슬기로운 갈등 해결법)**

1) **일단 멈춤 (Cool Down):** 화가 머리끝까지 났을 때는 잠시 거리를 두는 게 좋아. 감정이 격해진 상태에서는 서로에게 상처 주는 말만 하게 될 가능성이 높아. "지금은 너무 화나니까, 우리 한 시간 뒤에 다시 얘기하자"라고 말하고 잠시 진정할 시간

을 갖는 거야.

2) **나-전달법(I-message)'으로 말하기:** "너는 왜 맨날 그 모양이야?"라는 '너(You)'를 주어로 한 비난 대신, '나(I)'를 주어로 해서 내 감정을 솔직하게 이야기하는 거야.
   - 예시: (약속 시간에 늦은 친구에게) "넌 맨날 늦냐?" (X) → "나는 네가 약속 시간에 늦어서, 나를 기다리게 한 것 같아 속상하고 무시당하는 기분이 들었어."(O)

3) **변명 말고, 설명 듣기:** 내 이야기를 했다면, 이제는 친구의 이야기를 들어줄 차례야. 친구가 왜 그랬는지, 그 마음은 어땠는지 끝까지 들어보고 이해하려고 노력해봐.

4) **진심으로 사과하고 해결책 찾기:** 잘못한 부분이 있다면 깨끗하게 인정하고 "미안해"라고 사과하자. 그리고 앞으로는 같은 문제로 싸우지 않기 위해 함께 약속을 정하는 거야. "다음부터는 늦을 것 같으면 10분 전에 미리 연락해주기!"처럼 말이지.

좋은 친구가 되기 위한 나만의 체크리스트

때로는 나도 모르게 친구에게 상처를 주는 행동을 하고 있을지도 몰라. 잠시 멈춰서 스스로를 돌아보는 시간을 가져보자.

- ✓ 나는 친구의 비밀이나 약점을 다른 사람에게 이야기한 적은 없는가?
- ✓ 나는 친구의 의견을 존중하는가, 아니면 내 생각대로 친구를 끌고 가려 하는가?
- ✓ 나는 친구가 나보다 더 잘 나갈 때, 진심으로 축하해주는가, 아니면 몰래 질투하는가?
- ✓ 나는 친구에게 너무 의존하거나, 나하고만 놀아야 한다고 집착하지는 않는가?
- ✓ 나는 친구가 싫다고 표현했을 때, 그만두는가, 아니면 '장난인데 왜 그래?'라며 계속하는가?

너는 어떤 친구가 되고 싶니?

좋은 친구 관계는 정말 소중한 보물이야. 하지만 그 보물은 가만히 둔다고 해서 영원히 빛나지 않아. 서로의 마음을 돌보는 노력을 통해 계속해서 먼지를 닦아주고, 아껴줘야만 그 빛을 유지할 수 있지.

친구 관계에서 배우는 존중, 공감, 소통, 경계 설정의 기술은 앞으로 네가 맺게 될 모든 인간관계의 튼튼한 기초가 될 거야. 지금 너의 곁에 있는 친구들을 한번 떠올려 봐. 그리고 생각해 봐. 나는 그들에게 어떤 친구인지, 그리고 앞으로 어떤 친구가 되고 싶은지. 서로에게 힘이 되어주고 함께 성장하는 '돌봄의 친구'가 되어주는 것. 그것만큼 멋진 일은 아마 없을 거야.

첫사랑, 첫 설렘

: 존중과 동의가 만드는 아름다운 시작

    두근두근, 누군가를 생각하면 괜히 얼굴이 빨개지고, 심장이 터질 것처럼 뛰는 경험. 어쩌면 지금 네 마음속에 그런 사람이 자리 잡고 있을지도 모르겠어. 첫사랑, 첫 설렘은 인생에서 가장 아름답고 소중한 순간 중 하나야. 하지만 이 소중한 감정을 어떻게 건강하고 아름답게 키워나가야 할지, 때로는 혼란스럽고 어렵게 느껴질 수도 있어. 이 장에서는 우리가 사랑이라는 이름으로 관계를 맺을 때, 가장 기본이 되어야 할 '존중'과 '동의'에 대해 이야기하려고 해. 이것만 기억한다면, 너의 첫 설렘은 분명 아름다운 추억으로 반짝일 수 있을 거야.

'좋아하는 마음'과 '존중하는 마음'은 세트 메뉴!

누군가를 좋아한다는 건 정말 멋진 일이야. 하지만 그 사람을 내 마음대로 하고 싶다거나, 나만 봐야 한다고 생각하는 건 '사랑'이 아니라 '욕심'일 수 있어. 진정한 호감과 사랑은 상대방을 있는 그대로 존중하는 마음에서 시작돼.

• **상대방의 생각과 감정 존중하기:**

내가 아무리 그 사람을 좋아해도, 그 사람도 나를 똑같이 좋아해야 하는 건 아니야. 상대방이 나에게 관심이 없거나, 나의 고백을 거절할 수도 있어. 그럴 때 "왜 내 맘을 몰라줘?"라며 떼를 쓰거나 원망하는 대신, 그 사람의 감정을 존중하고 받아들이는 성숙한 태도가 필요해. 그 사람의 '싫다'는 의사 표현 역시 존중받아야 할 중요한 감정인 것을 기억하자.

• **외모만이 전부는 아니야:**

TV나 SNS에 나오는 아이돌처럼 멋지고 예쁜 사람에게 끌리는 건 자연스러운 일이야. 하지만 사람의 매력은 겉모습에만 있는 게 아니라는 걸 알아야 해. 상대방의 성격, 생각, 재능, 그리고 나를 대하는 태도 등 다양한 모습을 보고 존중할 수 있을 때, 더 깊고 의미 있는 관계를 맺을 수 있어.

'동의'는 매너이자 필수!
"Yes"라고 말하기 전까지는 "No"

'동의(Consent)'라는 말, 조금 어렵게 들릴 수도 있지만, 사실 아주 간단하고 중요한 개념이야. 모든 종류의 스킨십이나 성적인 행동은 반드시 두 사람 모두가 분명하고 적극적으로 "좋아!"라고 동의했을 때만 이루어져야 한다는 뜻이지.

• 동의는 주고받는 것:

내가 상대방에게 스킨십을 하고 싶다면, 먼저 "손잡아도 괜찮아?", "안아도 될까?"라고 물어보고 상대방의 명확한 동의를 구해야 해.

반대로 상대방이 나에게 스킨십을 시도할 때, 내가 조금이라도 불편하거나 원하지 않는다면 "싫어", "안 돼", "하지 마"라고 분명하게 말할 권리가 있어.

:: 침묵은 동의가 아니야

상대방이 아무 말도 하지 않거나 가만히 있는 것을 그걸 '좋다'는 뜻으로 착각하면 안 돼. 싫지만 무서워서, 혹은 어색해서 말을 못 하는 걸 수도 있어. 오직 명확한 "Yes!"만이 "Yes!"라는 걸 기억하자.

:: **동의는 언제든 바뀔 수 있어:**

처음에 좋다고 했더라도, 중간에 마음이 바뀌면 언제든지 "그만하고 싶어"라고 말할 수 있어. 그리고 상대방 역시 그 의사를 존중해야 해. 한번 동의했다고 해서 모든 것을 허락한 건 절대 아니야.

:: **술이나 약물에 취한 상태에서의 동의는 무효!**

상대방이 술이나 약물에 취해 제대로 판단할 수 없는 상태라면, 그 어떤 성적인 행동도 해서는 안 돼. 그건 상대방의 동의를 구한 것이 아니라, 상대방의 취약한 상태를 이용하는 명백한 폭력이야.

데이트 폭력과 스토킹, 사랑이라는 이름의 범죄를 구별하기

안타깝게도, 어떤 관계는 '사랑'이라는 이름으로 시작했지만 점차 한쪽이 다른 쪽을 통제하고 괴롭히는 '폭력'으로 변질되기도 해. 이런 위험한 관계의 신호를 미리 알아채고 대처하는 것이 중요해.

:: **이런 건 사랑이 아니야! (데이트 폭력의 위험 신호):**

- 나의 모든 것을 알려고 하고 간섭하는 행동 (휴대폰 검사, 누구와 만나는지 계속 확인, 옷차림 지적 등)
- 나를 다른 친구나 가족과 어울리지 못하게 고립시키는 행동

- 질투가 너무 심해서 의심하고 비난하는 행동
- 화가 나면 욕을 하거나 물건을 던지는 등 폭력적인 모습을 보이는 행동
- 원치 않는 스킨십이나 성관계를 강요하는 행동
- "너 때문에 내가 이렇게 됐어", "헤어지면 죽어버릴 거야" 등 협박이나 죄책감을 유발하는 말

:: **이런 건 관심이 아니야! (스토킹의 위험 신호):**

- 헤어진 후에도 계속 연락하거나 찾아오는 행동
- 나의 SNS를 염탐하거나 주변 사람들에게 내 소식을 묻고 다니는 행동
- 내가 가는 곳마다 우연을 가장해 나타나는 행동
- 원치 않는 선물을 계속 보내는 행동

만약 네가 이런 상황에 처해 있다면, 절대 혼자 고민하거나 '내가 잘못해서 그런가?'라고 자책하지 마. 그건 너의 잘못이 아니야. 용기를 내서 믿을 수 있는 어른(부모님, 선생님, 상담 선생님)이나 친구에게 이야기하고 도움을 요청해야 해. 학교 상담실이나 청소년 지원센터에서도 도움을 받을 수 있어.

건강하고 행복한 관계를 만드는 비법

첫사랑, 첫 설렘을 아름다운 추억으로 만들고 싶다면, 다음의 몇 가지를 기억하자.

- **솔직하게 대화하기:** 내 생각과 감정을 솔직하고 정중하게 표현하고, 상대방의 이야기도 귀 기울여 들어주는 것이 중요해. 오해가 생기면 바로바로 풀고, 서운한 점이 있다면 쌓아두지 말고 이야기하자.
- **서로의 다름을 존중하기:** 나와 상대방은 서로 다른 환경에서 자란 다른 사람이야. 생각이나 취향이 다를 수 있다는 것을 인정하고 존중해야 해.
- **각자의 시간과 공간 존중하기:** 아무리 좋아하는 사이라도, 각자의 친구 관계, 취미 생활, 공부할 시간 등 개인적인 시간과 공간은 존중해줘야 해.
- **함께 성장하기:** 서로의 꿈을 응원하고, 좋은 점을 배우며 함께 성장하는 관계가 가장 멋진 관계야.

사랑은 누군가를 아프게 하거나 구속하는 것이 아니야. 서로를 아끼고 존중하며, 함께 있을 때 더 나은 사람이 되도록 격려하는 것이지. 너의 모든 관계가, 특히 너의 소중한 첫 설렘이, 바로 그런 따뜻하고 건강한 모습이기를 진심으로 응원할게!

디지털 네이티브의
슬기로운 온라인 생활

: 사이버폭력 예방과 디지털 발자국

　아침에 눈을 뜨자마자 스마트폰으로 밤사이 온 톡을 확인하고, 친구들과 SNS로 소통하며, 유튜브나 틱톡을 보며 하루의 스트레스를 푸는 것. 아마 이 글을 읽는 너에게는 숨 쉬는 것처럼 자연스러운 일상일 거야. 맞아, 너희들은 태어날 때부터 디지털 환경에 둘러싸여 성장한 '디지털 네이티브(Digital Native)' 세대야. 디지털 세상은 너희에게 친구와 더 깊이 연결되고, 세상의 모든 정보를 손쉽게 얻으며, 너만의 끼와 재능을 펼칠 수 있는 멋진 놀이터이자 기회의 공간이지.

　하지만 그 화려한 화면 뒤에는, 때로 현실보다 더 차갑고 잔인한 폭력이 숨어 있기도 해. 얼굴이 보이지 않는다는 익명성 뒤에 숨어, 현실에서는 차마 입에 담지 못할 말들이 무기가 되어 날아오고, 한번 퍼져나간 소문과 사진은 영원히 지워지지 않는 상처를 남기기도 하지. 이 장에서는 우리가 어떻게 하면 이 강력한 디지털 세상을 더 지혜롭고 안전하게 살아갈 수 있을지, 보이지 않는 폭력으로부터 나 자신과 친구들을 지키고, 더 나아가 따뜻하고 서로를 돌보는 온라인 문화를 만들어 가는 '슬기로운 디지털 시민'이 될 수 있을지 이야기해 보려고 해.

보이지 않는 무기, '사이버폭력'의 진짜 얼굴

'사이버폭력'이라고 하면 막연하게 느껴질 수 있지만, 사실 그 모습은 우리 주변에 아주 가까이 있어. 사이버폭력은 스마트폰이나 컴퓨터를 이용해 특정인을 반복적으로 괴롭히거나 따돌리고, 모욕감이나 공포심을 주는 모든 행동을 말해. '장난이었는데, 뭘 그래?'라는 말은 절대 통하지 않아. 당하는 사람이 고통스러웠다면, 그건 명백한 폭력이니까.

:: 우리 주변의 사이버폭력 유형들:

- '단톡방 감옥'과 '저격': 특정 친구 한 명만 빼고 단체 채팅방을 만들어 그 친구의 험담을 하거나, 그 친구만 볼 수 없게 SNS에 저격 글을 올리는 행위.
- '카톡 감옥': 나가고 싶어 하는 친구를 계속해서 단톡방에 초대해 괴롭히는 행위.
- '와이파이 셔틀', '기프티콘 셔틀': 데이터를 대신 켜달라고 하거나, 게임 아이템이나 기프티콘을 강제로 보내게 만드는 온라인상

의 갈취

- **사이버 스토킹과 명예훼손:** 상대방의 동의 없이 개인정보(사진, 연락처, 사는 곳 등)를 인터넷에 공개하거나, 창피를 줄 목적으로 우스꽝스러운 사진이나 조작된 정보를 퍼뜨리는 행위.

현실의 폭력은 가해자와 피해자가 분리되면 잠시 멈출 수 있지만, 사이버폭력은 24시간 내내, 내가 어디에 있든 나를 따라다니며 괴롭힐 수 있어. 순식간에 수많은 사람에게 퍼져나갈 수 있고, 한번 퍼진 내용은 완전히 삭제하기가 거의 불가능해서 피해자에게 훨씬 더 깊고 오래가는 고통을 주지.

지워지지 않는 문신, '디지털 발자국'

네가 인터넷 세상에서 하는 모든 활동, 즉 SNS에 올리는 사진과 글, 친구에게 보내는 메시지, '좋아요'를 누른 기록, 검색 기록 등은 모두 흔적을 남겨. 이걸 바로 '디지털 발자국'이라고 해. 마치 젖은 시멘트 위를 걸으면 발자국이 그대로 굳어버리는 것처럼, 디지털 발자국 역시 한번 남겨지면 지우기가 무척 어려워.

:: 한순간의 감정이 남기는 영원한 기록

지금은 웃고 떠들며 올린 장난스러운 사진이나, 화가 나서 남긴 저격 글이 몇 년 뒤 너의 발목을 잡을 수도 있어. 대학에 가거나, 나중에 어른이 되어 직장을 구할 때, 과거의 디지털 발자국이 너를 평가하는 꼬리표가 될 수도 있다는 거야.

내가 아무 생각 없이 '좋아요'를 누르거나 공유한 글이, 알고 보니 누군가에게 상처를 주는 가짜 뉴스나 악성 루머일 수도 있어. 나도 모르는 사이에 폭력에 동참하게 되는 거지. 그래서 우리는 '올리기 전 3초 생각' 규칙이 필요해! 사진이나 글을 올리기 전에 딱 3초만 스스로에게 물어보는 거야.

- ◆ "이 글(사진)을 우리 부모님이나 선생님이 봐도 괜찮을까?"
- ◆ "이 글(사진) 때문에 상처받는 사람이 생기지는 않을까?"
- ◆ "10년 뒤의 내가 이 글(사진)을 보고 후회하지 않을까?"

이 세 가지 질문에 모두 "Yes!"라고 자신 있게 대답할 수 있을 때만 '업로드' 버튼을 누르는 습관을 들이자.

나를 지키는 디지털 방패
: 똑똑한 온라인 생활 예방법

디지털 세상의 위험으로부터 나를 지키기 위해 몇 가지 중요한 방어 기술을 익혀두자.

- **개인정보는 자물쇠로 꽁꽁 잠그기:** 너의 SNS 계정의 공개 범위를 '전체 공개'가 아닌 '친구 공개'로 설정하고, 모르는 사람의 친구 요청은 신중하게 받아들여야 해. 너의 집 주소, 학교, 전화번호 같은 민감한 정보는 절대 공개적으로 올리지 않는 것이 기본이야.
- **비밀번호는 나만의 비밀 금고:** 생일이나 '1234' 같은 쉬운 비밀번호는 절대 금물! 사이트마다 다른, 나만 알 수 있는 복잡한 비밀번호를 사용하고 주기적으로 바꿔주는 게 좋아.
- **의심스러운 링크는 절대 클릭 금지:** '무료 기프티콘 증정' 같은 혹하는 메시지와 함께 온 링크를 무심코 눌렀다가 개인정보가 유출되거나 해킹당할 수 있어. 출처가 불분명한 링크나 파일은 절대 열어보지 않는 것이 안전해.
- **'불법 촬영물'은 보는 것만으로도 범죄에 가담하는 것:** 친구들 사이에서 호기심으로 불법 촬영물을 돌려보는 경우가 있어. 하지만 기억해. 그 영상 속에는 끔찍한 고통을 겪고 있는 피해자가 있다는 사실을. 불법 촬영물을 보는 것, 저장하는 것, 공유하는 것은 모두 피해자에게 씻을 수 없는 상처를 주는 2차 가해이자, 범죄자를 돕는 심각한 범죄 행위야. 이런 영상은 발견 즉시 '신고'하고, 절

대 보거나 유포해서는 안 돼.

친구를 위한 '화이트 해커' 되기
: 온라인에서 멋진 방어자가 되는 법

 화이트 해커는 자신의 뛰어난 능력을 좋은 곳에 쓰는 사람들을 말해. 너도 디지털 세상에서 친구를 지키는 멋진 '화이트 해커'가 될 수 있어. 즉, 사이버폭력의 방관자가 아니라 '적극적 방어자(Upstander)'가 되는 거야.

 '좋아요' 누르지 않기, 침묵하지 않기: 친구를 놀리거나 비난하는 글에 '좋아요'를 누르거나, 웃기다는 댓글을 다는 것은 폭력에 동조하는 것과 같아. 단톡방에서 누군가가 따돌림당할 때, 침묵하는 것 역시 마찬가지야.

 피해 친구에게 '너의 편'이 되어주기 :
- 공개적인 장소에서 가해자와 싸우기보다는, 피해 친구에게 개인적으로 메시지를 보내 위로하고 지지해주는 게 더 효과적이야.
- "아까 그 댓글 봤어. 괜찮아? 절대 네 잘못 아니야. 내가 같이 있어줄게." 이 한마디가 친구에게는 큰 힘이 될 거야.
- 악성 게시물이나 댓글을 발견하면, 친구를 위해 증거(스크린샷)를 확보해 주고, 함께 플랫폼에 '신고' 버튼을 눌러줘.

- 폭력적인 대화가 오가는 단톡방이 있다면, 조용히 그 방을 나오는 것만으로도 '나는 이 폭력에 동의하지 않아'라는 분명한 메시지를 전달할 수 있어.

너의 손끝에서 시작되는 따뜻한 디지털 세상

디지털 세상은 그 자체로 좋거나 나쁜 것이 아니야. 그것을 사용하는 우리가 어떤 마음으로, 어떤 태도로 사용하느냐에 따라 그 모습이 달라지는 거대한 거울과도 같아. 너의 손끝에서 누군가를 아프게 하는 날카로운 무기가 만들어질 수도 있고, 누군가를 살리는 따뜻한 손길이 뻗어 나갈 수도 있어. 나의 개인정보를 소중히 여기듯 친구의 사생활을 존중하고, 내가 상처받기 싫은 것처럼 친구에게 상처 주는 말을 하지 않으며, 어려움에 처한 친구를 외면하지 않고 손 내밀어주는 것. 현실 세계에서 우리가 배워야 할 '돌봄'의 마음은 디지털 세상에서도 똑같이 중요해. 너 한 사람의 작은 노력과 선한 영향력이 모일 때, 우리가 살아가는 온라인 세상은 분명 더 안전하고, 더 즐거우며, 더 따뜻한 공간이 될 수 있을 거야. 오늘부터, 너의 손끝에서 시작되는 '작은 온기의 혁명'에 동참해 보지 않을래?

세상을 향한 따뜻한 시선

: 공감 능력 키우기와 '함께'의 가치

    우리는 지금까지 꽤 긴 여행을 함께 했어. 혼란스러운 내 마음을 들여다보고 다독이는 법에서 시작해서, 친구와 진짜 우정을 쌓는 법, 설레는 첫사랑을 존중으로 시작하는 법, 그리고 복잡한 디지털 세상을 슬기롭게 항해하는 법까지. 이 모든 이야기의 중심에는 나 자신과 내 주변 사람들을 향한 '돌봄'의 마음이 있었지. 그럼 이게 전부일까? 나를 돌보고, 내 친구와 가족, 연인을 돌보면 그걸로 충분한 걸까? 물론 그것만으로도 너는 충분히 멋진 사람이야. 하지만 나는 너에게 이 세상을 더 넓고 깊게 바라볼 수 있는 또 하나의 창문을 열어주고 싶어. 마치 카메라 렌즈를 줌 아웃(Zoom-out) 하듯이, '나'와 '내 주변'에 맞춰져 있던 초점을 조금 더 넓혀서 우리가 함께 살아가는 '세상'을 비춰보는 거야. 너의 따뜻한 마음과 돌봄의 능력이 너의 세상을 넘어, 우리 모두의 세상을 바꿀 수 있는 놀라운 힘이 될 수 있다는 걸 이야기해 주고 싶어.

공감, 세상을 이해하는 너만의 슈퍼파워

'공감(Empathy)'이라는 말, 많이 들어봤지? 공감은 단순히 '불쌍하다'고 느끼는 동정과는 조금 달라. 그것은 다른 사람의 신발을 신고 잠시 걸어보는 것, 즉 그 사람의 입장이 되어 세상을 바라보고 그의 감정을 함께 느껴보려는 노력이야. 이건 우리가 가질 수 있는 가장 강력한 슈퍼파워 중 하나란다.

∷ 어떻게 공감 능력을 키울 수 있을까?

- **다양한 이야기 맛보기:** 책과 영화는 우리가 직접 살아보지 못한 다른 사람의 삶으로 들어가는 마법의 문이야. 나와는 전혀 다른 환경에서 자란 주인공의 이야기를 읽고, 다른 나라의 문화를 다룬 영화를 보면서, 그들의 기쁨과 슬픔에 함께 빠져들어 봐. 너의 세상이 훨씬 더 넓고 깊어지는 걸 느낄 수 있을 거야.
- **진짜 이야기 귀 기울여 듣기:** 주변에 나와는 다른 생각을 가진 친구, 다른 경험을 한 어른이 있다면, 그들의 이야기를 편견 없이 들어보는 거야. '나는 너랑 생각이 달라'라고 반박하기 위해서가 아니라, '아, 저 사람은 저런 경험을 했구나. 그래서 저렇게 생각하는구나.'라고 이해하기 위해서 말이야.
- **세상에 대한 관심 갖기:** 매일 보는 연예 뉴스나 게임 소식뿐만 아니라, 우리 사회에서 어떤 일들이 일어나고 있는지 가끔은 관심을 가져보는 건 어떨까? 버스에서 무거운 짐을 들고 힘겹게 오르시는 할머니, 궂은 날씨에도 묵묵히 거리를 청소하시는 환경미화원

아저씨처럼, 우리 주변의 보이지 않는 곳에서 세상을 움직이는 사람들에게 잠시 눈길을 주는 것만으로도 공감은 시작될 수 있어.

세상의 '기울어진 운동장' 함께 바라보기

공감 능력이 커지면, 이전에는 보이지 않던 것들이 보이기 시작해. 우리 사회가 모두에게 똑같이 평평한 운동장이 아니라, 어떤 사람들에게는 유난히 더 기울어져 있다는 사실 말이야.

:: 차별과 편견이라는 보이지 않는 벽:

- 단지 여자라는 이유로 "수학은 못할 거야"라고 생각하거나, 남자라는 이유로 "울면 안 돼"라고 말하는 것. 피부색이나 출신 국가가 다르다는 이유로 이상하게 쳐다보거나, 장애가 있다는 이유로 "불쌍하다"고 여기는 것. 이런 것들이 바로 '편견'이고, 이 편견이 행동으로 나타나는 것이 '차별'이야.
- 너도 누군가에게 오해를 받거나, 너의 모습 그대로 존중받지 못하고 평가당했을 때 속상했던 경험이 있지? 차별과 편견은 바로 그런 아픔을 다른 사람에게 주는, 아주 폭력적인 행동이란다.

:: 사회적 약자의 목소리에 귀 기울이기:

- 우리 사회에는 노인, 어린이, 장애인, 이주민 등 다양한 이유로 목소리를 내기 어려운 '사회적 약자'들이 있어. 그들은 우리가 당연하

게 누리는 것들을 힘들게 얻어야 하거나, 보이지 않는 차별 속에서 살아가기도 해.
- 그들의 이야기에 관심을 갖는 것은 동정이 아니라 '정의'의 문제야. 우리 모두는 언젠가 나이가 들고, 아프거나 다쳐서 약자가 될 수 있어. 내가 힘들 때 누군가 내 손을 잡아주길 바란다면, 우리도 먼저 그들의 목소리에 귀 기울이고 손 내밀어줄 수 있어야 해.

공감을 넘어 실천으로
: "내가 진짜 할 수 있는 일은 뭘까?"

'세상은 불공평해'라고 한탄만 하는 건 아무것도 바꾸지 못해. 하지만 너의 작은 실천 하나는 세상을 바꾸는 나비의 날갯짓이 될 수 있어. 거창하지 않아도 괜찮아. 바로 지금, 네가 있는 곳에서 시작할 수 있는 일들이 정말 많아.

:: 교실에서, 학교에서 시작하기

- 공부나 과제를 어려워하는 친구에게 네가 아는 것을 친절하게 설명해 주기.
- 누군가 놀림을 당하거나 따돌림당할 때, 외면하지 않고 "그러지 마"라고 말하거나, 선생님께 알리는 용기. (이전 장에서 배운 '적극적 방어자'의 역할이지!)
- 다문화 가정 친구에게 먼저 다가가 인사하고, 그의 문화를 존중하며 배우려는 열린 마음.

:: 너의 목소리와 재능 사용하기

- 그림을 잘 그린다면, 학교 축제 때 환경 문제나 동물 보호에 대한 포스터를 그려보는 건 어때?
- 글쓰기를 좋아한다면, 학교 신문이나 블로그에 사회적 약자에 대한 너의 생각을 담은 글을 써볼 수도 있어.
- SNS를 잘 활용한다면, 의미 있는 기부 캠페인이나 공익 활동을 친구들에게 알리고 참여를 독려할 수도 있지. 너의 재능은 세상을 더 나은 곳으로 만드는 멋진 도구가 될 수 있어.

:: 의식 있는 소비자 되기

- 우리가 사는 물건 하나하나가 세상의 다른 누군가에게 영향을 줄 수 있다는 걸 생각해 보는 거야. 예를 들어, 공정무역 초콜릿을 사는 것은 멀리 떨어진 나라의 농부들이 정당한 대가를 받도록 돕는 일이 될 수 있고, 환경을 생각하는 기업의 제품을 사는 것은 지구를 돌보는 일이 될 수 있어.

너의 따뜻한 시선이 세상을 바꾼다

지금까지 우리는 '나'를 돌보는 것에서 시작해, 친구와 이웃을 돌보고, 마침내 우리가 함께 살아가는 세상 전체를 향해 시선을 넓히는 여정을 함께 했어. 이 모든 과정의 중심에는 '공감'과 '함께'라는 가치가 있었지. 다른 사람의 아픔에 함께 아파할 줄 알고, 불의에 맞서 목소리를 낼 줄 알며, 더 나은 세상을 위해 내가 할 수 있는 작은 일을 찾아 실천하는 사람. 그런 사람이 바로 이 시대가 필요로 하는 진정으로 성숙하고 멋진 어른의 모습일 거야.

잊지 마. 너 한 사람의 따뜻한 시선과 작은 실천이, 차갑고 기울어진 세상을 조금씩 바로 세우고 온기를 불어넣는 나비의 날갯짓이 될 수 있다는 걸. 너는 이미 세상을 바꿀 충분한 힘과 가능성을 가지고 있어. 그 힘을 믿고, 용기 내어 세상을 향해 한 걸음 더 나아가 주기를, 진심으로 응원할게.

5부

돌봄의 윤리, 경계를 넘어서는 폭력에 맞서다

— 대학생을 위한 실천 가이드

| 자유와 책임 사이, 대학생의 관계 윤리 |

대학 생활은 더 넓은 자유와 함께 더 큰 책임을 요구하는 시기입니다. 새로운 인간관계를 맺고 자율적인 생활을 시작하면서, 이전에는 경험하지 못했던 다양한 상황과 위험에 직면할 수 있습니다. 이 장에서는 특히 대학생들이 건강하고 안전한 관계를 맺기 위해 필요한 윤리적 토대로서 '돌봄'의 중요성을 강조합니다. 상대방의 경계를 침범하는 모든 형태의 폭력은 돌봄의 부재에서 비롯됨을 지적하며, 여기서 다룰 성희롱, 디지털 성범죄, 스토킹, 교제폭력 문제에 대한 경각심을 일깨우고 적극적인 예방과 대처의 필요성을 역설합니다.

1장

성희롱 없는 캠퍼스

: '존중의 경계선'을 함께 그리다

"이 정도는 그냥 농담이지, 뭘 그렇게 예민하게 굴어?"
"옷차림이 그러니까 그런 일을 당하는 거야."
"나는 친밀감의 표현이었는데, 오해했나 보네."

캠퍼스에서, MT 자리에서, 동아리방에서 심심찮게 들려오는 말들입니다. 하지만 이 말들은 성희롱이라는 엄연한 폭력의 본질을 가리고, 피해자에게 책임을 전가하며, 가해자에게 면죄부를 주는 위험한 언어들입니다. 대학은 지성의 전당이자 자유로운 토론의 장이지만, 동시에 위계와 권력 관계가 교묘하게 작동하며 성희롱이 발생하기 쉬운 환경이기도 합니다. 이 장에서는 성희롱 없는 안전한 캠퍼스를 만들기 위해 우리가 반드시 알아야 할 지식과 실천해야 할 태도를 이야기합니다.

성희롱, '불쾌함'을 넘어선 명백한 '인권 침해'

성희롱이란, 상대방이 원하지 않는 성적인 말이나 행동으로 굴욕감이나 혐오감을 느끼게 하거나, 성적인 언동을 조건으로 학업이나 고용상의 불이익을 주는 행위를 포괄적으로 의미합니다. 중요한 것은 행위자의 '의도'가 아니라, 피해자가 느낀 '감정'과 그 행위가 미친 '결과'입니다. "나는 그럴 의도가 아니었다."는 변명은 결코 성립될 수 없습니다. 성희롱은 다양한 형태로 나타납니다.

- 언어적 성희롱: 음담패설, 외모나 몸매에 대한 성적인 비유나 평가, 성적인 사실관계를 묻거나 사생활을 캐묻는 행위, 회식 자리에서 술을 따르도록 강요하는 행위 등.
- 시각적 성희롱: 음란한 사진, 그림, 낙서, 영상 등을 게시하거나 보여주는 행위, 상대방의 특정 신체 부위를 의도적으로 쳐다보거나 노골적으로 시선을 보내는 행위, 자신의 신체 특정 부위를 노출하거나 만지는 행위 등. 예를 들어, 동아리방 컴퓨터에 음란물을 띄워놓거나, 단체 채팅방에 선정적인 이미지를 공유하는 행위, 강의실에서 특정 학생의 몸매를 훑어보는 시선 등이 모두 해당될 수 있습니다.
- 육체적 성희롱: 입맞춤, 포옹 또는 뒤에서 껴안는 등의 신체적 접촉, 가슴·엉덩이 등 특정 신체 부위를 만지는 행위, 안마나 애무를 강요하는 행위 등. MT 술자리에서 게임을 빌미로 원치 않는 신체 접촉을 시도하거나, 격려나 친근함의 표시라며 어깨나 등을 과

도하게 만지는 행위도 상대방이 성적 굴욕감을 느꼈다면 성희롱이 될 수 있습니다.
- **기타 성희롱:** 사회 통념상 성적 굴욕감 또는 혐오감을 유발하는 것으로 인정되는 언어나 행동. 예를 들어, 성적인 내용의 소문을 퍼뜨리거나, 원치 않는 만남이나 교제를 지속적으로 요구하는 행위, 성적 모욕감을 주는 별명을 부르는 행위 등이 포함될 수 있습니다.

'불쾌함'을 넘어선 권리 침해임을 인지하기

성희롱 피해를 경험한 많은 이들이 처음에는 '내가 너무 예민한가?', '나만 참으면 지나갈 일인가?'라며 혼란스러워합니다. 혹은 '기분 나쁘지만, 이걸 문제 삼으면 분위기를 망치거나 나에게 불이익이 오지 않을까?'하는 두려움에 휩싸이기도 합니다. 하지만 성희롱은 단순한 '불쾌함'의 문제를 넘어섭니다. 그것은 개인의 인격권, 성적 자기결정권, 그리고 학습권 및 노동권을 침해하는 명백한 인권 침해 행위입니다.

성희롱은 피해자에게 수치심, 분노, 불안감, 우울증 등 심각한 정신적 고통을 안겨줄 수 있으며, 학업이나 업무 능률을 저하시키고, 심지어는 학교나 직장을 그만두게 만드는 원인이 되기도 합니다. 따라서 성희롱을 경험했을 때, 그것이 '나만의 문제'나 '사소한 일'이 아니라는 인식이 매우 중요합니다. 당신의 감정을 존중하고, 그것이 부당한 침해에 대한 정당한 반응임을 믿어야 합니다. 그리고 당신에게는 안전하고 평등한 환경에서 학습하고 생활할 권리가 있음을 기억해야 합니다.

동의(Consent)의 명확한 이해
: 'No Means No'를 넘어 'Only Yes Means Yes'로

모든 건강한 관계의 기초는 상호 존중과 자발적인 '동의'입니다. 특히 성적인 상호작용에 있어서 동의는 그 무엇보다 중요합니다. 동의는 자유롭고, 적극적이며, 지속적이고, 명확해야 합니다.

- 자유로운 동의: 협박, 강요, 위계, 기만 등 어떠한 압력도 없는 상태에서 이루어져야 합니다. 술에 취해 판단력이 흐려진 상태에서의 동의는 진정한 동의로 볼 수 없습니다.
- 적극적인 동의: 침묵이나 소극적인 반응은 동의를 의미하지 않습니다. "좋아", "원해"와 같이 명확하고 긍정적인 의사 표현이 있어야 합니다. 'No Means No'(싫다는 것은 싫다는 뜻)를 넘어 'Only Yes Means Yes'(좋다는 명시적 표현만이 좋다는 뜻)의 원칙을 기억해야 합니다.
- 지속적인 동의: 한번 동의했다고 해서 모든 성적 행위에 영구적으로 동의한 것은 아닙니다. 동의는 언제든지 철회될 수 있으며, 매 순간 새롭게 확인되어야 합니다. 과거에 연인 관계였거나 성관계를 가졌다는 사실이 현재의 모든 성적 행위에 대한 동의를 의미하지는 않습니다.

- **명확한 동의:** 모호하거나 불분명한 상태에서의 관계는 위험합니다. 상대방의 의사를 정확히 알 수 없다면, 섣불리 추측하거나 밀어붙여서는 안 됩니다. "괜찮아?", "이렇게 해도 좋아?"라고 직접 묻고 상대방의 명확한 동의를 구하는 것이 존중의 표현입니다.

대학 캠퍼스는 다양한 배경을 가진 사람들이 만나 새로운 관계를 형성하는 곳입니다. 이 과정에서 서로의 경계를 존중하고, 동의의 의미를 명확히 이해하며 실천하는 것은 성숙한 시민으로 성장하기 위한 필수적인 학습 과정입니다.

사건 발생 시 대처 방안 및 도움받을 수 있는 곳

만약 성희롱 피해를 경험했다면, 혼자서 모든 것을 감당하려 하지 마세요. 당신은 혼자가 아니며, 도움을 받을 권리가 있습니다.

1) **단호한 거부 의사 표현:** 가능한 경우, 즉시 행위자에게 불쾌함과 중단 요구를 명확히 표현하는 것이 좋습니다. 하지만 이것이 어렵거나 안전하지 않다고 판단될 경우, 억지로 시도할 필요는 없습니다. 당신의 안전이 최우선입니다.

2) **증거 기록 및 확보:** 사건 발생 일시, 장소, 구체적인 성희롱 내용, 목격자나 증인의 진술, 당시 느꼈던 감정 등을 최대한 상세

하게 기록해 두세요. 문자 메시지, 이메일, 녹음, 사진 등 객관적인 증거가 있다면 확보해 두는 것이 좋습니다. 이는 추후 공식적인 문제 제기 시 중요한 자료가 됩니다.

3) **신뢰할 수 있는 사람과 상의:** 친구, 선배, 가족 등 믿을 수 있는 사람에게 피해 사실을 알리고 정서적 지지를 받으세요. 혼자 끙끙 앓는 것보다 누군가에게 이야기하는 것만으로도 큰 힘이 될 수 있습니다.

4) **교내 상담센터 및 인권센터 활용:** 대부분의 대학에는 성희롱·성폭력 피해자를 위한 상담센터나 인권센터가 마련되어 있습니다. 곳에서는 비밀 보장을 원칙으로 전문적인 심리 상담, 법률 자문, 사건 처리 절차 안내 및 지원 등 통합적인 도움을 받을 수 있습니다. 주저하지 말고 문을 두드리세요.

5) **외부 전문기관 도움 요청:** 교내 해결이 어렵거나 더 전문적인 지원이 필요하다고 판단될 경우, 여성 긴급 전화 1366, 해바라기 센터, 한국 성폭력 상담소 등 외부 전문기관의 도움을 받을 수도 있습니다. 이들 기관은 피해자 보호와 지원을 위한 다양한 프로그램을 운영하고 있습니다.

가해자가 되지 않기 위해
: 자기 성찰과 타인 존중의 자세

성희롱은 '나쁜 의도'를 가진 특별한 사람들만이 저지르는 행위가 아닙니다. 성인지 감수성이 부족하거나, 상대방의 입장을 고려하지 못하거나, 자신의 행동이 타인에게 어떤 영향을 미칠지 제대로 인지하지 못할 때, 누구든 의도치 않게 가해자가 될 수 있습니다. 따라서 성희롱 예방은 잠재적 피해자뿐만 아니라 우리 모두의 책임입니다.

- 나의 언행 돌아보기: 나의 말과 행동이 상대방에게 불쾌감이나 모욕감을 줄 수 있음을 항상 인지하고, 자기중심적인 사고에서 벗어나 타인의 입장을 먼저 생각하는 습관을 들여야 합니다.
- 성인지 감수성 키우기: 성차별적인 농담이나 외모 평가, 음담패설 등이 왜 문제인지, 그것이 상대방에게 어떤 상처를 줄 수 있는지 학습하고 성찰해야 합니다. 관련 교육 프로그램에 적극적으로 참여하거나 책, 강연 등을 통해 꾸준히 배우는 자세가 필요합니다.
- 권력관계에 대한 민감성: 교수와 학생, 선배와 후배, 상사와 부하직원 등 관계 내에 존재하는 권력의 차이를 민감하게 인식해야 합니다. 힘을 가진 위치에 있을수록 자신의 언행이 상대방에게 위압감이나 강요로 느껴지지 않도록 더욱 신중해야 합니다.
- 동의의 중요성 내면화: 상대방의 침묵이나 마지못한 수락을 동의로 착각해서는 안 됩니다. 적극적이고 명확한 동의가 없는 모든 성적인 언행은 폭력이 될 수 있음을 명심해야 합니다.

- **주변의 잘못된 행동에 침묵하지 않기:** 친구나 동료가 성희롱적인 발언이나 행동을 할 때, 그것이 잘못되었음을 지적하고 함께 건강한 문화를 만들어 나가는 용기가 필요합니다.

존중은 가장 강력한 예방책이다

성희롱 없는 안전하고 평등한 캠퍼스는 저절로 만들어지지 않습니다. 우리 모두가 서로의 인격을 존중하고, 상대방의 경계를 섬세하게 살피며, '아니요.'라는 말이 편안하게 오갈 수 있는 문화를 함께 만들어 갈 때 비로소 가능합니다. 존중하는 관계로 나아가기 위해 존중의 의미를 다시 한번 살펴볼 필요가 있습니다. 흔히 존중은 상대방의 자질에 달렸다고 생각하기 쉽습니다. 존중은 상대와 관계없는 본인의 존중 능력에 달려있습니다. 상대가 누구이든 내가 상대를 존중할 수 있는 능력이 있느냐의 문제입니다.

또한 존중을 어떻게 정의하느냐에 따라 존중의 모습이 달라집니다. 여러 가지 정의가 있지만 가장 가슴에 와닿는 존중은 타인에게 관심을 가지고 보호하고 성장하도록 지지하는 마음이라고 생각합니다. 관심은 타인을 잘 알려고 하는 노력입니다. 예를 들면 고양이가 쥐에게 관심이 있습니까? 당연히 잡아먹기 위한 관심은 있지만 보호하기 위한 관심이 아니기 때문에 존중이 아닙니다. 결국 관심은 보호하는 데 목적이 있습니다. 상대를 보호하고 지지하는 마음이 관심입니다.

성장은 무엇일까요? 성장은 내가 원하는 상대방의 모습이 아니라 상대가 자기 나름대로 자기를 실현할 수 있도록 지지하고 응원하는 마음입니다. 요즘 청소년문제가 많이 발생하고 있는 원인도 여기에 있습니다. 청소년들에게 자율성을 보장하고 자기를 찾아가도록 기회를 부여해야 하는데 부모와 사회가 원하는 청소년의 모습을 설정하고 강요해서 자율성을 상실한 청소년들이 고통받는 것입니다. 진정한 성장을 바라는 마음은 상대의 약점이 아니라 강점을 발견해서 강점을 지지하고 응원하는 마음입니다. 우리는 너무나 부정적인 약점에만 집중하는 성향이 있습니다. 약점을 보완하기보다는 자신이 가진 강점에 집중하는 노력이 필요합니다. 대학교에서 수업 시간에 학생들과 함께 '강점 찾기 훈련'을 하는데, 학생들이 자신의 강점을 찾는 데 상당히 어려워하는 모습을 보면 가슴이 아픕니다. 우리 모두가 진정한 존중의 의미를 깨달아 삶 속에서 자신을 존중하고 상대를 존중하면서 행복한 가정, 사회가 되었으면 합니다.

성희롱은 개인의 문제를 넘어 우리 공동체 전체의 문제입니다. 이 장에서 나눈 이야기들이 당신이 성숙한 민주시민으로서, 그리고 따뜻한 돌봄의 실천가로서 성장하는 데 작은 디딤돌이 되기를 바랍니다. 당신의 대학 생활이 안전하고, 즐거우며, 서로 존중하는 관계로 가득하기를 응원합니다.

디지털 세상의 그림자

: 디지털 성범죄, '보이지 않는 폭력'으로부터 나를 지키기

　스마트폰은 우리 몸의 일부처럼, 디지털 공간은 우리가 숨 쉬는 공기처럼 느껴지는 시대입니다. 특히 대학생들에게 SNS, 온라인 커뮤니티, 메신저 등은 학업 정보를 공유하고, 인간관계를 맺으며, 자신의 생각과 일상을 표현하는 중요한 소통의 장입니다. 빛이 있으면 그림자가 있듯, 이 편리하고 자유로운 디지털 세상의 이면에는 익명성과 빠른 전파성이라는 특성을 악용한 '디지털 성범죄'라는 어두운 그림자가 도사리고 있습니다. '사이버 성폭력'이라고도 불리는 이 보이지 않는 폭력은 피해자에게 현실의 폭력 못지않은, 때로는 그보다 더 깊고 오래가는 상처를 남깁니다. 이 장에서는 대학생들이 디지털 세상에서 마주할 수 있는 다양한 성범죄의 유형과 위험성을 인지하고, 스스로를 보호하며, 더 나아가 안전한 디지털 환경을 함께 만들어 나가는 데 필요한 지혜와 용기를 이야기합니다.

디지털 성범죄, '장난'이나 '실수'가 아닌 명백한 '범죄'

디지털 성범죄는 온라인 플랫폼, 스마트 기기 등 디지털 매체를 이용하여 상대방의 의사에 반하여 성적 자기결정권을 침해하거나 성적 수치심, 혐오감을 유발하는 모든 행위를 포함합니다. 그 유형은 매우 다양하며, 기술의 발달과 함께 계속해서 교묘하고 악랄한 형태로 진화하고 있습니다.

- **불법 촬영 및 유포:** 상대방의 동의 없이 신체 특정 부위나 성적인 장면을 촬영하거나, 동의하에 촬영했더라도 그 촬영물을 동의 없이 유포하는 행위. 화장실이나 탈의실 등에서의 몰래카메라 촬영, 연인 간의 사적인 영상을 유포 협박의 수단으로 삼는 경우 등이 대표적입니다. 이렇게 유포된 영상은 인터넷상에서 걷잡을 수 없이 퍼져나가 피해자에게 평생 지울 수 없는 고통을 안깁니다.
- **사이버 스토킹 및 괴롭힘:** 온라인 메신저, SNS 등을 통해 원치 않는 만남이나 연락을 지속적으로 요구하거나, 성적인 메시지, 이미지, 영상 등을 반복적으로 보내 공포심이나 불안감을 유발하는 행위. 특정인을 겨냥한 악의적인 댓글, 허위사실 유포, 성적인 비방 등도 여기에 해당될 수 있습니다.
- **온라인 그루밍(Online Grooming):** 가해자가 온라인 채팅 등을 통해 피해자에게 접근하여 신뢰를 쌓은 뒤, 점차 성적인 요구를 하거나 사적인 사진·영상 등을 요구하여 이를 빌미로 협박하거나 성

적으로 착취하는 행위. 특히 아동·청소년이나 심리적으로 취약한 상태에 있는 사람이 주된 표적이 되기 쉽습니다.
- 딥페이크(Deepfake) 등 합성물 제작·유포: 인공지능(AI) 기술을 이용하여 특정인의 얼굴이나 신체를 다른 영상이나 사진에 합성하여 성적인 콘텐츠를 만들고 유포하는 행위. 피해자는 자신이 하지 않은 행동으로 인해 심각한 명예훼손과 인격 침해를 당하게 됩니다.
- 유포 협박: 과거에 촬영한 성적인 사진이나 영상을 빌미로 금품을 요구하거나, 특정 행위를 강요하는 등 협박하는 행위. 많은 피해자들이 보복이나 수치심 때문에 신고를 망설이는 경우가 많습니다.

이 모든 행위는 결코 '짓궂은 장난'이나 '한순간의 실수'로 정당화될 수 없는 심각한 범죄입니다. 피해자에게는 씻을 수 없는 트라우마를 남기고, 한 사람의 인생을 송두리째 파괴할 수도 있는 명백한 폭력임을 우리 모두가 깊이 인식해야 합니다.

온라인이라는 익명성 뒤에 숨은 위험 인지하기

디지털 공간은 종종 우리에게 '익명성'이라는 가면을 씌워줍니다. 이 가면 뒤에 숨어 현실에서는 차마 하지 못할 무책임하고 폭력적인 언행을 쉽게 저지르기도 합니다. 하지만 기억해야 합니다. 디지털 세상에서의 모든 활동은 '로그'라는 기록으로 남아 추적 가능하며, 익명성은 결코 범죄의 면죄부가 될 수 없습니다.

- **온라인 그루밍의 전술:** 가해자들은 처음에는 매우 친절하고 다정하게 접근하여 공통의 관심사를 나누며 심리적 거리를 좁힙니다. 피해자가 자신을 신뢰하게 되면 점차 고민을 상담해 주는 척하며 사적인 정보를 캐내거나, '너만 믿고 하는 이야기'라며 비밀을 공유하는 듯한 태도를 보입니다. 이후에는 '사진을 교환하자', '더 은밀한 이야기를 하자'며 성적인 호기심을 자극하거나, 선물을 보내주겠다며 주소나 연락처를 요구하기도 합니다. 이러한 요구에 응하기 시작하면, 가해자는 점차 더 노골적이고 위험한 요구를 하며 피해자를 심리적으로 지배하려 듭니다.

- **사적 이미지 공유의 위험:** 아무리 가까운 사이라도, 심지어 연인 관계라 할지라도 자신의 신체가 노출된 사진이나 영상을 공유하는 것은 매우 신중해야 합니다. 지금은 서로 사랑하고 신뢰하는 관계일지라도, 그 관계가 언제 어떻게 변할지는 아무도 예측할 수 없습니다. 한순간의 감정으로 공유된 이미지가 훗날 상대방의 변심이나 악의로 인해 유포되거나 협박의 도구로 사용될 수 있다는 최악의 가능성을 항상 염두에 두어야 합니다. '절대 그럴 사람이 아니야'라는 믿음이 때로는 가장 큰 위험이 될 수 있습니다.

- **'디지털 발자국'의 영속성:** 온라인에 한 번 올라간 정보는 완전히 삭제하기가 매우 어렵습니다. 'N번방 사건'에서 보았듯이, 불법 촬영물은 수많은 익명의 가해자들에 의해 끊임없이 복제되고 재유포되며 피해자에게 지속적인 고통을 안깁니다. 내가 무심코 클릭한 '좋아요' 하나, 공유한 링크 하나가 이러한 범죄의 생태계를 유지하

고 확산시키는 데 일조할 수 있음을 기억해야 합니다.

디지털 성범죄 예방, 나와 우리를 지키는 방패

디지털 성범죄로부터 안전하기 위해서는 우리 스스로 예방 수칙을 생활화하고, 주변의 위험에 민감하게 반응하는 '디지털 시민 의식'을 갖추는 것이 중요합니다.

:: **철저한 개인 정보 관리 및 디지털 기기 보안:**

- SNS 계정의 개인정보 공개 범위를 최소화하고, 주기적으로 비밀번호를 변경하며 2단계 인증을 설정합니다.
- 출처가 불분명한 앱이나 파일은 다운로드하지 않고, 공용 와이파이 사용 시 금융 거래나 사적인 정보 입력은 피합니다.
- 카메라 렌즈 가리개 사용을 생활화하고, 스마트폰이나 PC에 백신 프로그램을 설치하여 정기적으로 검사합니다.

:: **온라인 관계 맺기의 신중함:**

- 온라인에서 만난 사람에게 쉽게 개인정보를 알려주거나 사적인 만남을 갖지 않습니다. 상대방이 누구인지 신원이 확실하지 않다면 항상 의심하고 경계하는 자세가 필요합니다.

- 과도한 친절이나 선물 공세, 또는 너무 쉽게 비밀을 털어놓으며 동정심을 유발하는 사람을 주의해야 합니다.
- 어떤 이유에서든 상대방이 나의 신체 사진이나 영상을 요구한다면 단호하게 거절해야 합니다. 이는 사랑이나 신뢰의 증표가 될 수 없습니다.

불법 촬영물 소비는 명백한 범죄행위:

- 불법 촬영물이나 성 착취물을 다운로드하거나 시청하는 행위는 피해자에게 씻을 수 없는 고통을 가하는 2차 가해이자, 디지털 성범죄 시장을 유지시키는 공범 행위임을 명확히 인식해야 합니다.
- '호기심으로 한 번쯤은 괜찮겠지'라는 안일한 생각이 누군가의 삶을 파괴할 수 있습니다. 이러한 콘텐츠를 발견하면 즉시 신고하고 삭제될 수 있도록 노력해야 합니다.

디지털 공간에서의 '적극적 방어자(Upstander)' 되기:

- 온라인상에서 누군가가 성희롱이나 사이버 괴롭힘을 당하는 것을 목격했을 때, 외면하지 않고 피해자를 지지하며 가해 행위를 비판하는 용기가 필요합니다.
- 가해 게시물이나 댓글을 플랫폼 운영자에게 신고하고, 피해자에게 도움을 줄 수 있는 정보를 제공하는 것도 적극적인 방어자의 역할입니다.

피해 발생 시 대처
: 당신은 혼자가 아니며, 잘못이 없습니다

만약 당신이나 당신의 친구가 디지털 성범죄 피해를 입었다면, 가장 먼저 기억해야 할 것은 '절대 당신의 잘못이 아니라는 것'입니다. 가해자의 폭력적인 선택이 문제일 뿐, 어떤 이유에서든 피해자가 비난받을 이유는 없습니다. 혼자서 괴로워하거나 자책하지 말고, 즉시 도움을 요청해야 합니다.

1) **증거 확보:** 피해 사실을 입증할 수 있는 모든 자료(SNS 대화 내용, 게시물 화면 캡처, URL 주소, 녹음 파일 등)를 최대한 확보해야 합니다. 가해자가 게시물을 삭제하기 전에 신속하게 증거를 모으는 것이 중요합니다. 당황스럽고 고통스럽겠지만, 섣불리 메시지를 삭제하거나 계정을 탈퇴하지 않는 것이 좋습니다.

2) **신고 및 삭제 요청:** 촬영물이나 게시물이 유포된 플랫폼(SNS, 웹사이트 등) 운영자에게 즉시 삭제를 요청하고, 경찰(사이버수사대 182)에 신고하여 가해자 처벌 및 추가 유포 방지를 위한 수사를 의뢰합니다.

3) **전문기관의 도움:**
   - 디지털 성범죄 피해자 지원센터(02-735-8994): **피해 상담, 증거**

수집 지원, 불법 촬영물 삭제 지원, 수사·법률·의료 지원 연계 등 통합적인 지원을 제공합니다.
- **여성 긴급 전화 1366:** 365일 24시간 긴급한 도움이 필요한 여성 피해자에게 상담 및 보호 지원을 제공합니다.
- **대학 내 상담센터 및 인권센터:** 심리적 안정과 법적 절차에 대한 도움을 받을 수 있습니다. 두려움과 수치심 때문에 신고를 망설이거나 혼자 해결하려 하지 마세요. 당신 곁에는 당신을 돕기 위해 준비된 많은 사람과 기관이 있습니다. 용기를 내어 도움의 손길을 잡으세요.

디지털 시민, 돌봄으로 온라인 세상을 정화하다

디지털 세상은 현실 세계와 분리된 또 다른 공간이 아니라, 우리 삶이 확장된 또 하나의 현실입니다. 따라서 디지털 공간에서도 현실과 동일한 수준의 윤리 의식과 상호 존중이 필요합니다. 디지털 성범죄는 기술의 문제가 아니라, 인간 존엄성을 파괴하는 관계의 문제입니다. 우리 모두가 타인의 사생활을 존중하고, 동의의 중요성을 내면화하며, 불법적이고 유해한 콘텐츠에 단호히 반대하는 '디지털 시민 의식'을 갖출 때, 비로소 디지털 세상의 어두운 그림자를 걷어낼 수 있습니다. 온라인에서도 서로의 안위를 묻고, 부당한 폭력에 함께 맞서는 '돌봄의 연대'를 실천할 때, 디지털 공간은 더욱 안전하고 풍요로운 소통과 성장의 장이 될 것입니다. 당신의 스마트폰이 타인을 해치는 도구가 아닌, 세상을 따뜻하게 연결하는 창이 되기를 진심으로 바랍니다.

스토킹과 교제폭력

: '사랑'이라는 이름의 착각과 범죄

"나 좋다고 저렇게 따라다니는데, 매정하게 끊어내기가 좀 그래."
"싸우다 보면 그럴 수도 있지, 원래 우리 커플은 좀 격하게 사랑해서."
"헤어지자고 했더니 죽어버리겠다고 매달리는데, 무섭지만 어쩔 수 없잖아."

혹시 이런 생각이나 말을 주변에서 들어본 적 있으신가요? 혹은 지금 당신의 관계 속에서 비슷한 고민을 하고 있지는 않으신가요? 대학 시절은 설레는 만남과 뜨거운 사랑의 계절이기도 하지만, 동시에 미숙한 관계 맺음으로 인해 깊은 상처를 남길 수 있는 위험한 시기이기도 합니다. 특히 스토킹과 교제폭력은 '열정적인 구애'나 '사랑싸움'이라는 이름으로 포장되어 그 심각성이 간과되기 쉬운, 그러나 피해자의 일상을 파괴하고 생명까지 위협할 수 있는 명백한 범죄입니다. 이 장에서는 스토킹과 교제폭력의 실체를 명확히 인식하고, 그것이 '사랑'이라는 이름으로 결코 정당화될 수 없는 폭력임을 깨닫는 것을 목표로 합니다. 또한, 위험 신호를 감지하고, 스스로를 보호하며, 건강하고 평등한 관계를 만들어 나가는 데 필요한 지혜와 용기를 함께 나누고자 합니다.

스토킹
: 원치 않는 관심은 호감이 아니라 공포다

스토킹이란, 상대방의 의사에 반하여 정당한 이유 없이 지속적 또는 반복적으로 접근하거나 따라다니고, 진로를 막아서거나, 주거지나 그 부근에서 기다리거나 지켜보는 행위, 또는 통신매체를 이용하여 글·말·부호·음향·그림·영상·화상(이하 "글등"이라 한다)을 도달하게 하는 등의 행위를 하여 상대방에게 불안감 또는 공포심을 일으키는 것을 말합니다. (스토킹범죄의 처벌 등에 관한 법률 제2조 제1호) 과거에는 '열렬한 구애' 정도로 치부되거나 경범죄로 가볍게 처벌되던 스토킹이 이제는 명백한 범죄로 규정됩니다. 스토킹은 단순한 '귀찮음'을 넘어, 피해자에게 극심한 정신적 고통과 일상생활의 마비를 초래합니다.

:: **스토킹의 다양한 유형:**

- 원치 않는 반복적인 연락(전화, 문자, SNS 메시지 등)

- 상대방의 집, 학교, 직장 등에서 기다리거나 지켜보는 행위
- 미행하거나 경로를 따라다니는 행위
- 온라인상에서 개인정보를 캐내거나 사칭하는 행위
- 물건을 보내거나 주거지에 물건을 놓아두는 행위 (때로는 기괴하거나 위협적인 물건)
- 상대방에 대한 허위 사실이나 비방을 주변에 퍼뜨리는 행위
- 재산상의 손괴 또는 협박

스토킹의 심리적 영향: 스토킹 피해자들은 언제 어디서 가해자와 마주칠지 모른다는 극심한 불안과 공포에 시달립니다. 외출을 꺼리게 되고, 사람을 만나는 것이 두려워지며, 수면 장애, 식욕 부진, 우울증, 외상 후 스트레스 장애(PTSD) 등을 경험하기도 합니다. 스토킹은 피해자의 삶을 점차 고립시키고 황폐하게 만듭니다.

스토킹은 강력 범죄의 전조: 더욱 심각한 것은, 스토킹이 종종 폭행, 성폭력, 살인 등 더 강력한 범죄로 이어지는 전조 증상이 된다는 점입니다. 가해자의 집착이 심화될수록 폭력의 수위도 높아질 가능성이 큽니다. 따라서 스토킹을 '사소한 일'로 여기고 방치해서는 절대 안 됩니다.

교제폭력
: 사랑이라는 이름 뒤에 숨은 치밀한 지배와 통제

교제폭력(데이트폭력)은 서로 교제하는 관계에 있는 미혼의 연인 사이에서 발생하는 모든 형태의 폭력을 의미합니다. 이는 물리적 폭력뿐만 아니라, 정서적·언어적 학대, 성적 강요, 경제적 통제 등 다양한 방식으로 나타납니다. 많은 경우, 교제폭력은 '사랑싸움'으로 미화되거나 '둘만 아는 문제'로 축소되어 외부의 개입이 어렵고, 피해자는 가해자와의 관계 때문에 혹은 보복이 두려워 쉽게 벗어나지 못하는 경우가 많습니다.

:: **교제폭력의 다양한 유형:**

- 정서적·언어적 폭력: 폭언, 욕설, 비난, 무시, 모욕, 협박, 고립(친구·가족과의 관계 차단), 과도한 의심과 감시, 가스라이팅(피해자의 현실 인식을 왜곡하여 스스로를 믿지 못하게 만드는 심리 지배) 등.
- 물리적 폭력: 때리기, 밀치기, 발로 차기, 물건 던지기, 목 조르기, 흉기로 위협하기 등.
- 성적 폭력: 원치 않는 성관계 강요, 피임 거부, 성적인 모욕이나 수치심을 주는 행위, 성적인 영상이나 사진을 강제로 찍거나 유포하는 행위 등.
- 경제적 폭력: 돈을 빌린 후 갚지 않거나 갈취하는 행위, 데이트 비

용을 일방적으로 부담시키는 행위, 상대방의 소비를 통제하거나 경제 활동을 방해하는 행위 등.

폭력의 순환 고리(The Cycle of Violence): 교제폭력은 종종 일정한 패턴을 보입니다.

1) **긴장 형성기:** 사소한 일에도 짜증을 내거나 비난하며 갈등이 고조되는 시기. 피해자는 가해자의 눈치를 보며 상황을 악화시키지 않으려 애씁니다.

2) **폭발기(폭력 행사기):** 억눌렸던 긴장이 폭발하며 언어적, 정서적, 물리적, 성적 폭력이 발생하는 시기.

3) **밀월기(화해기/애정 공세 기간):** 가해자가 갑자기 다정하게 변하여 사과하고, 선물을 사주거나, 다시는 그러지 않겠다고 맹세하며 매달리는 시기. 피해자는 가해자의 변화를 믿고 관계를 지속하려는 희망을 갖게 됩니다. 이 순환 고리가 반복되면서 폭력의 강도와 빈도는 점점 심해지고, 피해자는 심리적으로 더욱 무력해져 관계를 끊어내기 어려워집니다.

:: **교제폭력의 위험 신호(Red Flags):**

- 지나친 질투와 소유욕 ("나 말고 다른 사람은 만나지 마.")
- 상대방의 일거수일투족을 감시하고 통제하려는 행동 (휴대폰 검사, SNS 감시, 누구와 있는지 계속 확인)
- 급격한 감정 변화와 폭발적인 분노 표출
- 자신의 잘못을 인정하지 않고 남 탓이나 환경 탓으로 돌리는 경향
- 상대방의 생각이나 감정을 무시하거나 조롱하는 태도
- 과거 연애 상대에게 폭력적이었던 경험
- "너 없이는 못 살아", "너 때문에 내가 이렇게 됐어" 등 극단적인 의존성이나 책임 전가

사랑이 아닌 범죄, 관계의 경계를 명확히 하라

스토킹과 교제폭력의 가해자들은 종종 "너무 사랑해서 그랬다", "네가 나를 이렇게 만들었다"며 자신의 행동을 정당화하거나 피해자에게 책임을 돌립니다. 하지만 진정한 사랑은 상대를 존중하고, 그의 자유와 안전을 보장하는 것입니다. 상대방에게 공포심을 유발하거나, 그의 몸과 마음에 상처를 입히는 것은 결코 사랑이 될 수 없습니다. 그것은 지배욕과 소유욕에서 비롯된 명백한 폭력이자 범죄입니다.

:: 예방과 대처: 나를 지키고 안전한 관계를 만드는 길

1) **자신의 감정과 직감을 믿으세요:** 관계에서 불편함, 불안감, 두려움을 느낀다면 그것은 당신의 잘못이 아니라 관계에 문제가 있다는 신호일 수 있습니다. '내가 너무 예민한가?'라며 스스로를 의심하지 마세요.

2) **명확한 경계 설정과 단호한 거부 의사:** 상대방의 행동이 당신의 경계를 침범한다고 느껴진다면, 명확하고 단호하게 "싫다", "하지 마라"고 표현해야 합니다. 모호한 태도는 상대방에게 잘못된 해석의 여지를 줄 수 있습니다.

3) **모든 기록은 증거가 됩니다:** 스토킹이나 교제폭력으로 의심되는 상황이 발생하면, 날짜, 시간, 장소, 구체적인 행위 내용, 당시의 감정 등을 상세히 기록해두세요. 문자 메시지, 통화 녹음, SNS 기록, 사진, 진단서 등은 모두 중요한 증거가 될 수 있습니다.

4) **안전 계획 세우기:** 위협을 느낀다면 즉시 안전한 곳으로 피하고, 비상 연락망을 만들어 두세요. 자주 가는 장소의 안전 여부를 점검하고, 위험한 상황에 처했을 때 도움을 요청할 수 있는 방법을 미리 생각해 두는 것이 좋습니다.

5) **주변에 알리고 도움을 요청하세요:** 혼자서 해결하려 하지 마세요. 가족, 친구, 학교 상담센터, 전문기관 등 신뢰할 수 있는 사람이나 기관에 도움을 요청하는 것이 매우 중요합니다. 그들은 당신에게 정서적 지지와 실질적인 해결책을 제공해줄 수 있습니다.

- 경찰 (112): 긴급한 위협 상황 시 즉시 신고하세요. 스토킹 처벌법에 따라 가해자에 대한 접근금지 등 잠정조치를 신청할 수 있습니다.
- 여성 긴급 전화 1366: 24시간 운영되며, 교제폭력 및 스토킹 피해자에 대한 상담 및 긴급보호 연계를 지원합니다.
- 대학 내 상담센터 및 인권센터: 심리 상담, 법률 자문, 사건 처리 지원 등을 받을 수 있습니다.
- 한국 여성의 전화 등 민간단체: 피해자 지원 및 보호를 위한 다양한 프로그램을 운영합니다.

존중과 돌봄이 만드는 건강한 관계

스토킹과 교제폭력은 개인의 문제를 넘어, 우리 사회 전체가 함께 고민하고 해결해야 할 문제입니다. 대학 캠퍼스는 이러한 폭력에 대한 감수성을 높이고, 피해자를 적극적으로 지원하며, 가해 행위에 대해서는 무관용 원칙을 적용하는 안전한 공동체가 되어야 합니다.

가장 중요한 것은 우리 스스로가 건강한 관계에 대한 명확한 인식을 갖는 것입니다. 진정한 사랑은 구속이나 통제가 아니라, 서로의 존재를 있는 그대로 존중하고, 각자의 성장을 지지하며, 함께 있을 때 편안함과 안정감을 느끼는 것입니다. 상대방의 감정을 세심하게 살피고, 그의 경계를 존중하며, 갈등이 생겼을 때 폭력이 아닌 대화로 해결하려는 '돌봄의 자세'야말로 모든 폭력으로부터 우리를 지키는 가장 강력한 무기입니다. 당신의 모든 관계가 두려움이 아닌 설렘으로, 아픔이 아닌 성장으로 가득하기를 응원합니다.

4장

방관자에서 '적극적 방어자 (Upstander)'로

: 안전한 공동체를 만드는 돌봄의 용기

    술자리에서 누군가 원치 않는 스킨십을 강요당하는 것을 보았을 때, 단체 채팅방에서 특정인에 대한 성희롱적인 농담이 오가는 것을 알게 되었을 때, 친구가 연인에게 지속적으로 과도한 통제를 받고 있다는 사실을 눈치챘을 때. 당신은 어떤 선택을 하시겠습니까? '내가 괜히 나섰다가 봉변당하는 거 아닐까?', '둘 사이의 문제인데 내가 끼어들 일은 아니지', '다른 누군가가 알아서 하겠지'라는 생각에 애써 외면하거나 침묵하지는 않으셨나요?

    이러한 현상을 심리학에서는 '방관자 효과(Bystander Effect)'라고 부릅니다. 주변에 사람이 많을수록 오히려 책임감이 분산되어 어려움에 처한 사람을 돕지 않게 되는 심리적 경향을 말합니다. 특히 대학 캠퍼스와 같이 또래 집단의 영향력이 크고, 관계의 역학이 복잡하게 얽힌 곳에서는 이러한 방관자 효과가 더욱 쉽게 나타날 수 있습니다. 하지만 우리가 기억해야 할 것은, 방관은 단순한 '무관심'을 넘어, 때로는 폭력을 묵인하고 조장하는 결과를 낳는다는 사실입니다. 이 장에서는 '나와는 상관없는 일'이라는 안일한 생각의 위험성을 깨닫고, 침묵하는 다수가 아닌, 용기 내어 행동하는 소수, 즉 '적극적 방어자(Upstander)'가 되어 안전하고 서로를 돌보는 공동체를 함께 만들어 나가는 길을 모색하고자 합니다.

'나만 아니면 돼'라는 침묵의 카르텔을 깨뜨릴 때

성희롱, 디지털 성범죄, 스토킹, 교제폭력과 같은 문제들은 결코 '개인의 사적인 문제'나 '두 사람 사이의 일'로 치부될 수 없습니다. 이러한 폭력은 피해자 개인의 삶을 파괴할 뿐만 아니라, 우리가 속한 공동체 전체의 안전과 신뢰를 위협합니다. 캠퍼스 내에서 누군가가 고통받고 있다면, 그것은 곧 나의 친구가, 나의 후배가, 그리고 언젠가는 나 자신이 위험에 처할 수 있다는 신호이기 때문입니다.

우리가 1부에서부터 이야기해 온 '돌봄'의 윤리는 바로 이 지점에서 빛을 발합니다. 타인의 고통에 공감하고, 부당함에 함께 맞서며, 더 안전하고 정의로운 환경을 만들고자 하는 마음. 그것이 바로 공동체를 향한 돌봄의 실천입니다. 방관은 이러한 돌봄의 윤리를 포기하는 것이며, 보이지 않는 폭력의 공범이 되는 길입니다.

:: 왜 우리는 방관자가 되는가?
침묵의 벽을 넘어서는 용기

많은 사람들이 폭력이나 부당한 상황을 목격하고도 선뜻 나서지 못하는 데에는 여러 가지 이유가 있습니다.

- 책임감 분산: "나 말고 다른 사람도 많은데, 누군가는 나서겠지."
- 상황 오판의 두려움: "내가 괜히 예민하게 구는 건 아닐까? 별일 아닌데 나섰다가 망신당하면 어쩌지?"
- 개인적 위험에 대한 공포: "나섰다가 가해자에게 보복당하거나, 내가 피해를 입을 수도 있어."
- 사회적 관계에 대한 부담: "괜히 문제를 일으켜서 친구들과의 관계가 어색해지거나, 내가 속한 집단에 피해를 주고 싶지 않아."
- 개입 방법의 무지: "돕고는 싶은데, 어떻게 해야 할지 모르겠어."

이러한 두려움과 망설임은 지극히 인간적인 감정입니다. 하지만 이 벽을 넘어서기 위해서는 몇 가지 중요한 인식의 전환이 필요합니다. 첫째, 모든 폭력은 사소하지 않으며, 피해자의 고통은 결코 가볍지 않다는 사실을 인지해야 합니다. 둘째, 나의 작은 행동 하나가 누군가에게는 절실한 도움이 될 수 있으며, 때로는 상황을 완전히 바꿀 수도 있다는 믿음을 가져야 합니다. 셋째, 직접적으로 가해자와 맞서는 것만이 유일한 해결책은 아니며, 내가 할 수 있는 안전하고 효과적인 개입 방법이 다양하게 존재한다는 사실을 알아야 합니다.

:: 적극적 방어자 되기
    : 안전하고 효과적인 5가지 개입 전략 (5Ds)

미국의 비영리단체 홀라백(Hollaback!)이 제안한 '5Ds 개입 전략'은 우리가 일상에서 방관자가 아닌 적극적 방어자가 될 수 있는 구체적인 행동 지침을 제공합니다. 모든 상황에 모든 전략이 적합한 것은 아니므로, 자신의 안전을 최우선으로 고려하여 가장 적절한 방법을 선택하는 것이 중요합니다.

1) **직접적 개입 (Direct: 직접 말하기)**: 가해자에게 직접적으로 문제 행동을 지적하거나, 피해자에게 괜찮은지 묻는 등 직접적인 의사소통을 시도하는 방법입니다.
   - 예시: (가해자에게) "그런 말은 성희롱이 될 수 있어요. 그만 하세요.", (피해자에게) "괜찮으세요? 제가 도와드릴 일 있을까요?"
   - 주의점: 가해자가 공격적이거나 상황이 위험하다고 판단될 경우, 직접적 개입은 오히려 상황을 악화시킬 수 있으므로 신중해야 합니다. 자신의 안전이 확보될 때 사용하는 것이 좋습니다.

2) **주의 전환 (Distract: 다른 데로 관심 돌리기)**: 가해자나 피해자의 주의를 다른 곳으로 돌려 현재 진행 중인 상황의 흐름

을 끊고, 피해자에게 벗어날 시간이나 기회를 만들어주는 방법입니다.
- 예시: 갑자기 큰 소리로 시간을 묻거나, 길을 물어보거나, 실수인 척 음료를 쏟거나, 전혀 다른 주제로 말을 걸어 대화의 방향을 바꾸는 등.
- 장점: 비교적 안전하게 상황에 개입할 수 있으며, 가해자와 직접 대면하지 않고도 긴장을 완화할 수 있습니다. 창의성을 발휘하면 다양한 방식으로 활용 가능합니다.

3) 위임/요청 (Delegate: 주변에 도움 요청하기): 자신보다 더 효과적으로 상황에 대처할 수 있는 다른 사람에게 도움을 요청하는 방법입니다.
- 예시: 주변의 다른 친구나 선배, 교수님, 학교 보안 담당자, 가게 주인, 경찰(112) 등에게 상황을 알리고 도움을 청합니다.
- 장점: 혼자 감당하기 어려운 상황일 때, 더 많은 사람의 힘을 모아 안전하게 대처할 수 있습니다. 특히 권위 있는 사람이나 전문가의 개입은 효과적일 수 있습니다.

4) 상황 종료 후 지원 (Delay: 나중에 확인하고 지원하기): 사건이 발생하고 있는 순간에는 직접 개입하기 어려웠더라도, 상황이 종료된 후 피해자에게 다가가 안부를 묻고 지지를 표현하며 필요한 도움을 제공하는 방법입니다.

- 예시: "아까 그 일 때문에 많이 놀랐죠? 괜찮아요? 제가 같이 있어 줄까요?", "혹시 도움이 필요하면 언제든 나에게 이야기해요. 학교 상담센터에 같이 가줄 수도 있어요."
- 중요성: 피해자는 사건 이후에도 혼란스럽고 고립감을 느낄 수 있습니다. "나는 네 편이야", "네 잘못이 아니야"라는 지지의 메시지는 피해자가 트라우마를 극복하고 회복하는 데 큰 힘이 됩니다.

5) 기록 (Document: 증거 남기기): 사건의 정황을 안전하게 기록하여 피해자에게 전달하거나, 피해자가 원할 경우 공식적인 문제 제기에 활용할 수 있도록 돕는 방법입니다.
- 예시: 사건 발생 날짜, 시간, 장소, 가해자의 구체적인 언행, 피해자의 반응, 주변 상황 등을 최대한 객관적이고 상세하게 기록합니다. 사진이나 영상 촬영은 피해자의 동의 없이 이루어질 경우 또 다른 폭력이 될 수 있으므로 매우 신중해야 하며, 반드시 안전이 확보된 상황에서만 고려해야 합니다.
- 주의점: 기록은 피해자를 돕기 위한 수단이어야 하며, 절대 흥미 위주로 유포되거나 악용되어서는 안 됩니다.

:: 피해자를 지지하는 것, 2차 가해를 막는 것

적극적 방어자의 역할은 사건 발생 순간의 개입에서 끝나지 않습니다. 피해자가 사건 이후 겪게 될 어려움을 이해하고, 그 과정에서 2차 가해(피해 사실을 의심하거나 비난하고, 책임을 전가하는 등 피해자에게 추가적인 고통을 주는 행위)가 발생하지 않도록 돕는 것 또한 매우 중요합니다.

- **판단 없이 들어주세요:** 피해자는 자신의 이야기를 있는 그대로 들어주고 공감해 줄 사람이 필요합니다. 섣부른 조언이나 평가는 삼가고, 그의 감정을 존중하며 귀 기울여주세요.
- **"네 잘못이 아니야"라고 말해 주세요:** 많은 피해자들이 수치심과 죄책감에 시달립니다. "어떤 상황이었든 폭력은 정당화될 수 없으며, 모든 책임은 가해자에게 있다"는 사실을 명확히 알려주어 피해자가 스스로를 비난하지 않도록 도와야 합니다.
- **피해자의 결정을 존중해 주세요:** 사건을 공식적으로 문제 삼을지, 어떤 방식으로 대처할지는 전적으로 피해자의 결정에 달려있습니다. 우리는 정보를 제공하고 지지할 뿐, 특정 행동을 강요해서는 안 됩니다.
- **소문과 추측을 경계하세요:** 사건에 대한 불필요한 소문이나 추측은 피해자에게 또 다른 상처를 줄 수 있습니다. 확인되지 않은 이야기를 퍼뜨리거나 동조하지 말고, 주변 사람들에게도 주의를 환기해 주세요.

돌봄과 연대의 문화, 안전한 캠퍼스의 초석

안전한 캠퍼스는 강력한 처벌 규정이나 첨단 보안 시스템만으로는 만들어지지 않습니다. 우리 한 사람 한 사람이 서로의 안위를 살피고, 부당한 폭력에 함께 맞서는 '돌봄의 연대 의식'을 가질 때 비로소 실현될 수 있습니다.

- **일상 속 성찰과 대화:** 친구들과 함께 성평등, 상호 존중, 동의의 중요성에 대해 이야기 나누고, 우리 주변의 차별적이거나 폭력적인 문화에 대해 비판적으로 성찰하는 시간을 가져보세요.
- **학생 자치 활동의 역할:** 총학생회나 단과대 학생회, 동아리 등에서 성평등 교육 프로그램을 기획하거나, 안전한 캠퍼스를 위한 캠페인 등을 주도적으로 펼쳐나갈 수 있습니다.
- **학교 당국의 책임 있는 자세 촉구:** 대학 본부는 성희롱·성폭력 예방 교육을 실질적으로 운영하고, 사건 발생 시 피해자 보호를 최우선으로 하는 공정하고 신속한 처리 시스템을 구축해야 합니다. 학생들은 이러한 학교의 책임을 적극적으로 요구하고 감시해야 합니다.

당신의 용기가 세상을 바꾼다

방관은 침묵의 동조이며, 때로는 폭력보다 더 무서운 결과를 낳습니다. 반면, 적극적 방어자의 작은 용기는 한 사람의 삶을 구하고, 나아가 우리가 속한 공동체를 더 안전하고 따뜻한 곳으로 변화시키는 시작점이 될 수 있습니다. 두려움을 넘어 손을 내미는 것, 그것은 결코 쉬운 일이 아닙니다. 하지만 기억해 주세요. 당신의 그 용기 있는 행동 하나하나가 바로 우리 모두를 위한 가장 강력하고도 진실한 '돌봄'의 실천이라는 것을. 당신의 용기가 외로운 싸움을 하고 있는 누군가에게는 "당신은 혼자가 아니다"라는 가장 큰 위로와 희망이 됩니다. 안전한 캠퍼스, 서로를 돌보는 공동체를 만드는 여정에 당신의 따뜻한 마음과 용기를 보태주시기를 간절히 바랍니다.

6부

우리 모두가 서로의 돌봄이 되는 세상

– 더 넓은 연대를 향하여

소년에게 눈물을, 소녀에게 야망을

토요일 오후의 대형 장난감 가게. 다섯 살 아들의 손을 잡고 들어선 아빠는 잠시 당황합니다. 아들의 손가락이 가리키는 곳은 화려한 로봇과 자동차들이 즐비한 '파란색의 왕국'이 아니라, 아기자기한 주방용품과 인형들이 가득한 '핑크색의 제국'이었기 때문입니다.

"아빠, 나 저거! 저걸로 요리해서 아빠랑 엄마 맛있는 거 해줄래!"

아들의 눈은 반짝였지만, 아빠의 마음은 복잡해집니다.

'아들이 주방놀이를? 남들이 보면 뭐라고 할까? 계집애 같다고 놀림당하면 어쩌지?'

그는 애써 아들의 손을 잡아끌며 말합니다.

"아들, 저기 더 멋진 거 있네! 변신하는 로봇 보러 가자!"

아들의 얼굴에 스쳐 지나가는 실망감을 애써 외면한 채, 아빠는 사회가 정해놓은 '안전한 길'로 아들을 이끕니다. 이 풍경이 낯설지 않다면, 우리는 이미 '성 역할 고정관념'이라는 보이지 않는 감옥의

간수로 살아가고 있는지도 모릅니다.

　우리는 아이들에게 세상 무엇보다 '자기 자신'으로 살아가라고 말하면서, 실제로는 세상이 정해놓은 '성별의 각본'을 끊임없이 손에 쥐여줍니다. 소년에게는 강인함과 경쟁심을, 소녀에게는 상냥함과 배려심을 주입합니다. 그렇게 우리는 소년에게서 '눈물 흘릴 권리'를, 소녀에게서 '야망을 가질 권리'를 빼앗아 버립니다.

　이 장에서는 우리 아이들이 살아갈 미래를 위해, 우리가 반드시 깨뜨려야 할 이 낡고 단단한 감옥의 실체를 들여다보고자 합니다. 그리고 아이들이 성별의 틀을 넘어 자신의 모든 가능성을 다채롭게 펼쳐내는 '무지개색 잠재력'을 키울 수 있도록, 부모로서 우리가 실천할 수 있는 구체적인 돌봄의 기술을 이야기할 것입니다. 이것은 다음 세대를 위한 가장 중요한 약속이자, 우리 사회 전체를 위한 가장 희망찬 투자입니다.

진단: '성 역할 고정관념'이라는 대물림되는 바이러스

성 역할 고정관념은 마치 감기 바이러스처럼, 우리의 일상적인 언어와 행동을 통해 너무나도 쉽게, 그리고 무의식적으로 아이들에게 전파됩니다. 우리는 아이를 사랑한다는 명목 아래, 아이의 잠재력을 스스로 제한하는 역설적인 행동을 반복합니다.

언어의 감옥: "사내자식이!" vs "여자애가!"

- 아들이 넘어져 피가 나는 무릎을 부여잡고 울 때, "사내자식이 그까짓 거 가지고 울어!"라는 말은 아이에게 '슬픔과 아픔은 부끄러운 것이며, 남자는 그것을 표현해서는 안 된다'라는 왜곡된 메시지를 심어줍니다. 이렇게 감정을 억압하는 법을 배운 소년은, 훗날 자신의 고통을 제대로 표현하지 못하고 속으로 곪아가거나, 혹은 분노와 같은 공격적인 방식으로만 표출하는 어른으로 자라기 쉽습니다. 반대로 딸이 친구와 다투고 와서 잔뜩 화가 난 목소리로 자기주장을 할 때, "여자애가 목소리가 왜 그렇게 커! 조신하게 말해야지"라는 말은 아이에게 '분노와 자기주장은 여성스럽지 못한 것이며, 여자는 늘 상냥하고 순응해야 한다'라는 족쇄를 채웁니다. 이렇게 자신의 목소리를 잃어버린 소녀는, 훗날 부당한 상황에서도 제대로 'No'라고 말하지 못하고, 타인의 기대에 자신을 맞추며 살아가는 어른이 될 가능성이 높습니다.

칭찬의 편향: '행위'를 칭찬받는 아들, '존재'를 칭찬받는 딸.

- 우리는 무심코 아들에게는 그가 '한 일(Doing)'을, 딸에게는 그의 '상태(Being)'를 칭찬하는 경향이 있습니다. 아들이 로봇을 조립하면 "와, 우리 아들 천재인데! 어떻게 이런 걸 만들었어?"라며 그의 능력과 성취를 칭찬합니다. 반면 딸이 예쁜 원피스를 입고 나타나면 "어머, 우리 딸 공주님처럼 정말 예쁘다!"라며 그의 외모와 존재 자체를 칭찬합니다. 이러한 칭찬의 편향이 반복될 때, 아들은 '성취를 통해 자신의 가치를 증명해야 한다'는 압박감에 시달리게 되고, 딸은 '타인에게 예쁘고 사랑스럽게 보이는 것이 중요하다'는 외모지상주의적 가치관에 갇히게 될 수 있습니다.

전환: '무지개색 잠재력'을 키우는 정원사가 되자

우리 아이들은 태어날 때부터 핑크색이나 파란색으로 정해져 있지 않습니다. 모든 아이들은 빨주노초파남보, 그 모든 색깔의 가능성을 품은 '무지개색 잠재력'을 가지고 태어납니다. 어떤 아이는 파란색의 논리성과 빨간색의 열정을, 또 어떤 아이는 초록색의 평화로움과 노란색의 창의성을 더 많이 가졌을 뿐입니다. 부모의 역할은 아이의 무지개를 특정 색으로 덧칠하는 화가가 아니라, 아이가 가진 모든 색이 골고루 빛을 발할 수 있도록 햇볕을 쬐어주고 물을 주는 정원사가 되는 것입니다. 아이가 슬픔의 파란색을 드러낼 때 함께 울어주고, 분노의 빨간색을 터뜨릴 때 그 이유를 들어주며, 호기심의 노란색을 반짝일 때 함께 탐험해주는 것. 이것이 바로 아이의 잠재력을 있는 그대로 존중하고 키워주는 '돌봄의 정원사'의 역할입니다.

실천: 성평등 감수성을 키우는 양육과 교육의 기술

1) 모든 감정에 이름 붙여주고, 표현을 허락하기:
2) 아이의 모든 감정은 소중하며, 표현될 자격이 있습니다. 감정을 억누르거나 평가하는 대신, 그 감정을 있는 그대로 읽어주고 이름을 붙여주는 것이 중요합니다. 이는 아이가 자신의 복잡한 내면세계를 이해하고 조절하는 법을 배우는 첫걸음입니다.

- 아들이 인형을 빼앗겨 울 때: "뚝! 남자가 그런 거 가지고 우는 거 아니야. 다른 로봇 사줄게."라고 말하는 대신, "그랬구나. 소중한 인형을 빼앗겨서 정말 슬펐겠다. 화도 나고, 억울하기도 하겠네. 아빠/엄마한테 더 얘기해줄 수 있어?"라고 공감하며 아이가 자신의 감정을 안전하게 표현하도록 도와야 합니다.
- 딸이 자신의 의견을 강하게 주장할 때: "여자애가 어디서 어른한테 또박또박 말대꾸야!"라고 억누르는 대신, "네 생각은 그렇구나. 이유를 차근차근 설명하는 모습이 아주 똑 부러지는데? 엄마/아빠는 미처 생각 못 했던 부분이야."라고 지지하며 딸이 자신의 목

소리를 내는 것에 자신감을 갖도록 격려해야 합니다.

3) '균형 잡힌 칭찬 식단' 제공하기:

아이에게 편식하지 않고 골고루 영양을 공급해야 하듯, 칭찬 역시 균형 잡힌 식단이 필요합니다. 아이의 성별과 상관없이 다양한 영역(지성/능력, 돌봄/공감, 용기/도전, 감성/창의성 등)을 두루 칭찬해야 합니다.

- 아들에게도: "문제를 끝까지 포기하지 않는 끈기가 정말 대단하다" (과정 칭찬)
- "동생을 챙겨주는 마음이 참 따뜻하구나" (돌봄 칭찬)
- "네가 고른 옷 색깔이 너랑 참 잘 어울린다. 센스 있는데?" (감성 칭찬) 등을 통해 다면적인 성장을 격려합니다.
- 딸에게도: "동생이 다쳤을 때 바로 달려가서 챙겨주는 마음이 정말 멋지다." (돌봄 칭찬)
- "네가 만든 로봇의 아이디어가 정말 창의적이다!" (지성/능력 칭찬),
- "너의 목표를 향해 도전하는 모습이 정말 용감해 보여" (야망/도전 칭찬) 등을 통해 주체적인 삶을 응원합니다.

4) 경험의 울타리 허물기

아이의 경험이 성별의 울타리에 갇히지 않도록, 의식적으로 다양한 세상을 보여주어야 합니다.

- 놀이: 아들에게는 주방놀이, 인형 놀이를 통해 역할 놀이와 관계 맺기, 공감 능력을 키울 기회를 주세요. 딸에게는 로봇, 블록, 과학 실험 키트를 통해 논리력, 공간 지각 능력, 문제 해결 능력을 키울 기회를 주세요. 중요한 것은 '선택권'을 주는 것입니다.
- 책과 미디어: 수동적인 공주와 용감한 왕자 이야기에서 벗어나, 자신의 운명을 개척하는 진취적인 여성 캐릭터, 섬세하고 다정한 남성 캐릭터가 등장하는 책과 영화를 함께 보세요. 여성 과학자, 남성 간호사 등 다양한 직업의 세계를 보여주며 세상에는 정해진 역할이 없음을 알려주세요.
- 가장 강력한 교육, 부모의 뒷모습: 아빠가 저녁을 차리고, 엄마가 전등을 가는 모습을 보여주세요. 가족의 중요한 일을 결정할 때 아빠와 엄마가 동등하게 의견을 나누는 모습을 보여주세요. 아이는 부모가 하는 수백 마디 말보다, 부모가 살아가는 단 하나의 진실한 모습을 통해 세상을 배웁니다.

결론: 너답게 살아도 괜찮아

우리가 아이들에게 물려줄 수 있는 가장 위대한 유산은 학벌이나 재산이 아닙니다. 그것은 "너는 너의 모습 그대로 충분히 사랑스럽고, 너의 꿈이 무엇이든 우리는 너를 응원한다"라는 흔들리지 않는 믿음입니다. '남자답게' 혹은 '여자답게'가 아닌, 그저 '너답게' 살아도 괜찮다는 삶의 허가증을 발급해 주는 것입니다. 슬플 때 실컷 울 수 있는 소년, 자신의 야망을 향해 거침없이 달려갈 수 있는 소녀. 그렇게 자신의 모든 감정과 가능성을 온전히 끌어안고 자라난 아이들이 만들어 갈 세상은, 분명 지금보다 더 자유롭고, 더 다채로우며, 더 따뜻할 것입니다. 다음 세대를 향한 이 깊고 진실한 돌봄의 실천이 바로 지금, 우리 각자의 가정에서 시작되기를 간절히 소망합니다.

사회를 바꾸는 돌봄
: 시스템을 디자인하다

스웨덴 스톡홀름의 한 공원. 평일 오후인데도 유모차를 끄는 아빠들의 모습을 흔하게 볼 수 있습니다. 그들은 동네 친구들을 만나 커피를 마시고, 아이 기저귀를 갈고, 아이가 놀다 넘어지면 능숙하게 달래줍니다. 사람들은 그들을 '라떼 파파(Latte Papa)'라고 부릅니다. 그들의 얼굴에서는 육아에 대한 부담감이나 사회의 눈총 같은 것은 찾아볼 수 없습니다. 그저 아이와 함께하는 일상의 행복과 평온함이 묻어날 뿐입니다.

같은 시각, 대한민국 서울. 한 대기업의 김 과장은 휴대폰 시계만 흘깃거리며 안절부절못합니다. 오늘은 하나뿐인 딸의 유치원 학예회가 있는 날입니다. 아내에게는 꼭 가겠다고 약속했지만, 부장의 눈치가 보여 차마 '딸 학예회 때문에 조퇴하겠습니다.'라는 말이 입 밖으로 나오지 않습니다. 결국 그는 '급한 집안일'이라는 애매한 핑계를 대고, 마치 죄인처럼 서둘러 회사를 빠져나옵니다. 그의 마음

속에는 딸을 만날 설렘보다, 회사에 찍히면 어떡하나 하는 불안감과 동료들에게 미안한 마음이 더 크게 자리 잡고 있습니다.

두 아빠의 이 극명한 차이는 어디에서 비롯된 것일까요? 스웨덴 아빠가 한국 아빠보다 특별히 더 자상하거나 책임감이 강해서일까요? 아닐 겁니다. 차이는 개인이 아니라, 개인의 선택을 지지하거나 좌절시키는 사회 시스템에 있습니다. 스웨덴에는 아빠 육아휴직이 법적으로 의무화되어 있고, 그것을 사용하는 것이 너무나도 당연한 사회적 분위기가 형성되어 있습니다. 반면 한국 사회는 여전히 육아와 돌봄을 여성의 주된 몫으로 여기며, 남성의 돌봄 참여를 개인의 특별한 '선행' 정도로 취급합니다.

우리가 아무리 집안에서, 직장에서, 관계 속에서 돌봄을 실천하려 애써도, 이처럼 사회 전체 시스템이 뒷받침되지 않는다면 그 노력은 개인의 고군분투로 끝나버리기 쉽습니다. '라떼 파파'가 될 용기를 낸 한국의 아빠는 '독박육아'의 현실에 지쳐 소진되거나, 회사의 불이익에 좌절할 수밖에 없습니다. 따라서 진정한 돌봄 사회로 나아가기 위한 마지막 퍼즐은, 우리의 돌봄이 개인의 선의를 넘어 사회 전체의 약속, 즉 '돌봄 인프라(Care Infrastructure)'로 구축되는 것입니다. 도로나 항만을 짓는 것만큼이나, 혹은 그 이상으로, 우리는 서로를 돌보는 사회적 기반을 설계하고 투자해야 합니다.

첫째, 일터의 문화를 바꾸는 '돌봄의 제도화'입니다.

가장 시급한 것은 '아빠 육아휴직 의무화'와 같은 파격적인 제도입니다. 이는 단순히 아빠에게 육아의 기회를 주는 차원을 넘어, 여러 가지 중요한 나비효과를 일으킵니다.

- **'돌봄 디폴트값'의 전환:** 아이가 태어나는 순간부터 아빠가 의무적으로 돌봄에 참여하게 함으로써, '육아=엄마의 일'이라는 뿌리 깊은 공식을 깨뜨릴 수 있습니다. 이는 남성이 돌봄의 언어와 기술을 자연스럽게 체득하는 결정적 계기가 됩니다.
- **여성의 경력 단절 예방:** 기업 입장에서 여성 직원만 육아휴직을 사용하는 상황은 채용과 승진에 있어 여성을 기피하게 만드는 구조적 원인이 되어왔습니다. 하지만 남성 직원 역시 의무적으로 휴직을 사용하게 된다면, 기업은 더 이상 성별을 채용의 리스크로 고려할 수 없게 됩니다. 이는 자연스럽게 채용 시장의 기울어진 운동장을 바로 세우는 효과를 가져옵니다.
- **조직 문화의 근본적 변화:** 모든 남성 직원이 잠재적인 육아휴직 대상자가 될 때, 기업은 소수의 인원이 빠져도 업무가 마비되지 않도록 보다 유연하고 효율적인 업무 시스템을 고민하게 됩니다. 개인에게 의존하던 경직된 문화에서 벗어나, 협업과 백업이 자연스러운 수평적 조직 문화로 변화하는 계기가 될 수 있습니다.

물론, 이러한 제도의 도입은 수많은 저항에 부딪힐 것입니다. 하지만 우리는 물어야 합니다. 우리가 원하는 사회가 단기적인 기업의 이윤인지, 아니면 모든 구성원이 일과 삶의 균형을 누리며 장기적으로 함께 성장하는 사회인지 말입니다.

둘째, 국가가 책임지는 '보편적 돌봄 시스템'입니다.

돌봄은 더 이상 개별 가정의 사적인 영역으로 남겨져서는 안 됩니다. 국공립 어린이집을 대폭 확충하고, 무엇보다 그곳에서 일하는 보육교사들의 처우를 현실화하여 그들이 자부심을 갖고 아이들을 돌볼 수 있는 환경을 만들어야 합니다. 아이들은 우리 사회의 가장 중요한 '미래 자본'이며, 그들을 돌보는 일은 가장 가치 있는 투자입니다.

이는 비단 아동 돌봄에만 국한되지 않습니다. 우리는 초고령화 사회에 진입하고 있습니다. 부모님을 돌보는 문제 역시 더 이상 한 명의 '효자'나 '효녀'의 희생에 기댈 수 없습니다. 품위 있는 노년을 보낼 수 있는 공공 요양 시설과 방문 돌봄 서비스를 확충하고, 치매와 같은 질병을 국가가 함께 책임지는 '치매 국가 책임제'를 더욱 내실화해야 합니다. 장애를 가진 이들이 사회에서 고립되지 않고 동등한 구성원으로 살아갈 수 있도록 활동 보조 서비스를 확대하고, 이동의 장벽을 허무는 노력 또한 시급합니다. 이 모든 것은 '비용'이 아니라 '투자'입니다. 돌봄이 필요한 사회 구성원을 국가가 책임질 때, 나머지 구성원들은 안심하고 자신의 경제 활동과 사회 활동에 집중할 수 있습니다. 이는 사회 전체의 안정성과 생산성을 높이는 가장 확실한 길입니다.

셋째, 도시의 풍경을 바꾸는 '돌봄의 도시 설계'입니다.

우리가 매일 걷는 거리, 이용하는 건물 역시 돌봄의 가치를 담아낼 수 있습니다.

- **보도블록과 벤치:** 유모차나 휠체어가 걸림 없이 부드럽게 다닐 수 있는 넓고 평평한 보도, 어르신이나 임산부가 잠시 쉬어갈 수 있도록 곳곳에 놓인 벤치. 이것은 도시가 그곳에 사는 약자들을 얼마나 세심하게 배려하고 있는지를 보여주는 척도입니다.
- **화장실과 수유실:** 아빠들이 아이의 기저귀를 갈 수 있도록 남자 화장실에도 기저귀 교환대가 설치되어 있는지, 엄마가 마음 편히 수유할 수 있는 깨끗하고 아늑한 공간이 공공장소에 충분히 마련되어 있는지. 이는 돌봄을 특정 성별만의 몫으로 가두지 않겠다는 사회적 선언과도 같습니다.
- **안전한 골목길:** 어두운 골목길을 밝히는 가로등, 위험 상황에 대처할 수 있는 비상벨. 이는 늦은 밤 혼자 귀가하는 여성을 포함한 모든 시민의 불안을 보듬는 사회의 돌봄입니다.

이처럼 도시의 물리적 환경은 그 사회가 가진 돌봄의 철학을 그대로 반영합니다. 우리는 이제 건물의 높이나 화려함이 아니라, 그 도시가 가장 약한 구성원을 얼마나 따뜻하게 품어주고 있는지를 도시 발전의 새로운 기준으로 삼아야 합니다.

나의 돌봄과 사회의 돌봄은 연결되어 있다
– 정의로운 시스템을 향한 연대

이 모든 시스템의 변화를 요구하고 만들어가는 것 역시, 우리 각자의 중요한 '돌봄 실천'입니다. 내가 낸 세금이 어떻게 쓰이는지 관심을 가지고, 돌봄 친화적인 정책을 내놓는 정치인에게 투표하며, 우리 동네에 필요한 돌봄 시설을 만들기 위해 주민 회의에 참여하는 모든 행동. 이것은 내 가족과 이웃, 그리고 나 자신을 돌보는 가장 적극적이고 강력한 방식입니다. 아무리 개인의 의식이 깨어나고 차세대 교육이 잘 이루어진다고 하더라도, 사회 시스템이 이를 뒷받침하지 못하면 그 변화는 미미할 수밖에 없습니다. 반대로, 아무리 좋은 제도가 마련된다고 하더라도 시민들의 의식과 문화가 따라가지 못하면 제도는 유명무실해질 수 있습니다.

결국 개인의 돌봄 실천과 사회 시스템의 혁신은 서로를 추동하며 함께 나아가는 두 개의 수레바퀴와 같습니다. 개인의 마음에서 시작된 돌봄의 작은 물결이, 서로의 어깨를 적시고 강물을 이루어,

마침내 사회 전체의 제도를 바꾸는 거대한 바다에 이를 때. 우리는 비로소 '누군가의 희생'이 아닌 '모두의 연대' 위에 세워진, 진정으로 따뜻하고 평등하며 정의로운 사회를 이룰 수 있습니다. 다음 장에서는 이 모든 돌봄의 실천이 궁극적으로 우리가 어떻게 연결 되어 있는 존재인지를 깨닫게 하는 여정임을 이야기하며, 이 책의 대미를 장식하고자 합니다.

3장

결국, 우리는 연결되어 있다

오랜 시간, 저는 세상의 다양한 아픔과 상처에 대해 이야기 해 왔습니다. 그러다 문득, 제 자신은 정작 단단하고 완벽한 갑옷 속에 숨어 있다는 사실을 깨달은 순간이 있었습니다. 독자들에게는 상처를 드러내도 괜찮다고 말하면서, 정작 저 자신은 약한 모습을 보이는 것을 죽기보다 두려워하고 있었습니다. 실패는 부끄러운 것이고, 힘든 티를 내는 것은 프로답지 못하며, 도움을 청하는 것은 무능함을 인정하는 것이라 믿었습니다. 세상이 주는 압박감 속에서 저는 점점 더 높고 두꺼운 성벽을 쌓아 올렸습니다.

그러던 어느 날, 자신 있게 준비하던 계획이 처참한 실패를 맛보았습니다. 비난 같은 비판과 외면에, 저는 제 모든 것이 부정당하는 기분이었습니다. 세상에 혼자 버려진 섬처럼 느껴졌습니다. 며칠을 앓아누워 있다가, 저는 용기를 내어 가장 가까운 친구에게 전화를 걸었습니다. 그리고 태어나서 처음으로, 아무런 포장 없이 제 밑바닥을 그대로 드러내 보였습니다. "나 무섭다. 이대로 끝일까 봐, 다시는 일을 못 쓸까 봐 너무 무섭다."

수화기 너머로 잠시 침묵이 흘렀습니다. 저는 그 짧은 순간, '거봐, 실망했겠지. 한심하다고 생각할 거야'라며 후회했습니다. 그런데 이어진 친구의 목소리는 제 예상을 완전히 빗나갔습니다. "그랬구나… 그렇게 무서웠구나. 혼자 얼마나 힘들었냐. 그냥 다 털어놔. 내가 다 들어줄게." 그 따뜻한 한마디에, 제 안의 단단했던 성벽이 와르르 무너져 내렸습니다. 저는 어린아이처럼 엉엉 울었고, 친구는 아무말 없이 제가 울음을 그칠 때까지 전화기를 들고 있어 주었습니다.

그날 밤, 저는 이 책의 마지막 장에 무엇을 써야 할지를 비로소 깨달았습니다. 우리가 평등과 돌봄, 그리고 더 나은 사회를 향한 긴 여정의 끝에서 마주해야 할 마지막 관문은, 바로 우리 자신의 가장 연약한 부분, '취약성(Vulnerability)'과 정면으로 마주하는 일이라는 것을 말입니다. 우리는 평생에 걸쳐 자신의 취약성을 숨기기 위해 애씁니다. '강한 척', '괜찮은 척', '다 아는 척'. 우리는 완벽함이라는 갑옷을 입고, 유능함이라는 방패를 들고, 자기방어라는 성벽 뒤에 숨습니다. 이 모든 것이 우리를 외부의 공격으로부터 지켜줄 것이라고 믿으면서 말이죠. 하지만 진실은 그 반대입니다. 그 견고한 성벽은 우리를 지켜주는 것이 아니라, 타인으로부터 우리를 고립시키는 감옥이 됩니다. 그 안에서 우리는 안전할지는 몰라도, 지독하게 외로워집니다. 진정한 힘과 연결은, 역설적으로 우리가 그 성벽의 문을 열고 자신의 불완전함을 드러낼 용기를 낼 때 시작됩니다. 내가 먼저 "사실은 나도 잘 모르겠어."라고 말할 때, 상대방도 "다행이다, 나도 모르고 있었어."라며 안도의 한숨을 내쉴 수 있는 공간이 열립니다. 내가 "이건 내 실수야"라고 인정할 때, 상대방도 자신의 실수를 덮으려는 방어 기제를 내려놓고 문제 해결에 동참하게 됩니다. 내가 "나 지금 너무 힘들어"라며 나의 취약한 다리를 내보일 때, 비로소 다른 누군가가 자신의 다리를 내어주며 '함께' 건너갈 수 있는 든든한 '다리'가 놓이는 것입니다. 이것이 바로 취약성이 가진 기적입니다.

취약성은 약함의 증거가 아니라, 용기의 가장 순도 높은 형태이며, 인간과 인간을 이어주는 가장 강력한 접착제입니다. 이것은 젠더갈등의 가장 깊은 뿌리를 치유하는 열쇠이기도 합니다. 남성들이 '강해야 한다'라는 압박감에서 벗어나 "나도 힘들고 무섭다"라고 말할 수 있을 때, 여성들이 '완벽하게 모든 것을 해내야 한다'라는 부담감을 내려놓고 "나도 도움이 필요하다"라고 손을 내밀 수 있습니다. 바로 그때, 우리는 비로소 '가해자'와 '피해자', '경쟁자'와 '적'이라는 낡은 프레임을 넘어섭니다. 그리고 '상처받기 쉬운 존재', '서로에게 기대어 살아가야 하는 존재'라는 공통된 인간의 조건 위에서 서로를 마주 보게 됩니다. 비로소 우리는 서로의 눈동자 속에서, 남성이나 여성이 아닌, 그저 나와 똑같이 사랑받고 싶고, 이해받고 싶어 하는 한 명의 '사람'을 발견하게 됩니다.

결국, 우리가 평생을 통해 추구하는 것은 '독립(Independence)'이 아니라, 건강한 '상호 의존(Interdependence)'입니다. 우리는 혼자서는 결코 온전해질 수 없는 존재들입니다. 나의 기쁨은 누군가가 함께 기뻐해 줄 때 배가 되고, 나의 슬픔은 누군가가 함께 슬퍼해 줄 때 절반으로 줄어듭니다. 나의 부족함은 다른 누군가의 강점으로 채워지고, 나의 강점은 다른 누군가의 부족함을 채워줄 때 비로소 의미를 갖습니다. 우리는 모두 연결되어 있습니다. 보이지 않는 끈으로, 서로의 삶에 영향을 주고받으며, 함께 하나의 거대한 태피스트리를 짜 나가는 존재들입니다. 이 사실을 온전히 받아들일 때, 우리는 더 이상 외롭지 않습니다. 경쟁과 분열의 언어는 힘을 잃고, 그 자리에 공감과 연대의 언어가 싹트기 시작합니다.

| 에필로그 |

당신의 마음은 오늘, 누구를 향해 있나요?

꽤 긴 여정이었습니다. 우리는 차가운 구호만이 맴돌던 젠더갈등의 광장에서 출발해, '돌봄'이라는 작은 오솔길을 발견했습니다. 그 길을 따라 걸으며 우리는 집과 일터, 그리고 관계 속에 숨겨져 있던 보이지 않는 마음의 짐들을 발견했고, 사회라는 거대한 숲의 지도를 다시 그려보기도 했습니다. 그리고 마침내, 취약성이라는 다리를 건너 서로가 연결되어 있다는 진실에 닿았습니다. 이 책을 덮는 당신의 마음에 작은 온기가 스며들었기를, 그리고 동시에 '이 모든 것을 어떻게 다 실천하며 살지?'라는 약간의 부담감이 느껴진다면, 그것은 너무나도 자연스러운 일입니다. 부디 완벽한 '돌봄의 실천가'가 되어야 한다는 강박은 내려놓으시길 바랍니다.

이 책은 정답을 제시하는 교과서가 아니라, 우리가 함께 걸어갈 방향을 알려주는 나침반이 되고 싶었을 뿐이니까요. 변화는 거창한 구호나 극적인 사건에서 시작되지 않을 때가 더 많습니다. 그것은 우리 삶의 아주 사소하고 작은 선택들이 모여 만들어내는 거대한 물결에 가깝습니다.

매일 가는 카페의 아르바이트생에게 "오늘도 좋은 하루 보내세요."라는 따뜻한 인사를 건네는 것. 만원 버스에서 내릴 때 뒷사람을 위해 문을 잠시 잡아주는 것. 친구의 SNS에 올라온 자랑 가득한 사진 밑에 질투 섞인 댓글 대신 진심 어린 '좋아요'를 눌러주는 것. 밤늦게까지 이어진 회의에 지쳐있는 동료의 책상에 말없이 박카스 한 병을 올려놓는 것. 오랜만에 엄마에게 전화를 걸어 "밥은 먹었어?"라고 묻는 것. 그리고 무엇보다, 오늘 하루도 애쓴 자기 자신에게 "수고했어, 그걸로 충분해"라고 다독여주는 것. 이 모든 것이 '돌봄'이며, '마음 씀'입니다.

세상을 바꾸는 일은 어쩌면 이렇게 작고 사소해서 눈에 잘 띄지도 않는 온기들을, 우리 각자의 자리에서 꾸준히 만들어 나가는 일인지도 모릅니다. 이제 저는 이 책의 첫 장에서 당신에게 던졌던 질문을 다시 한번 건네며, 이 긴 여정을 마무리하려 합니다.

"당신의 평등에는 온기가 있나요?"

그리고 이 질문에 덧붙여, 새로운 내일을 위한 작은 질문 하나를 더 건네고 싶습니다. 부디 이 질문에 대한 답을 찾기 위해 너무 오래 고민하지는 마세요. 그저 당신의 마음이 이끄는 가장 첫 번째 대상을 떠올려 보시길 바랍니다.

"당신의 마음은 오늘, 누구를 향해 있나요?"

그 답이 거창할 필요는 없습니다. 가족이어도 좋고, 친구여도 좋습니다. 직장 동료여도 괜찮고, 오늘 아침 스쳐 지나간 이름 모를 누군가여도 좋습니다. 어쩌면 그 답은 이 순간 가장 돌봄이 필요한 '자기 자신'일지도 모릅니다. 어떤 답이든 괜찮습니다. 더 따뜻하고 평등한 세상을 향한 우리의 새로운 여정은, 바로 그 한 사람을 향한 작고 소중한 마음의 방향에서 시작될 테니까요.

당신의 오늘이, 그리고 당신의 내일이, 그 따뜻한 마음 씀으로 인해 조금 더 충만하고 의미 있기를 진심으로 응원합니다.

고맙습니다.

돌봄으로 세우는 존중의 경계

당신의 평등에는 온기가 있나요?

초판 1쇄	2025년 8월 29일
지은이	이문국 · 김은정
발행인	김재홍
교정/교열	김혜린
디자인	박효은
마케팅	이연실
발행처	도서출판지식공감
등록번호	제2019-000164호
주소	서울특별시 영등포구 경인로82길 3-4 센터플러스 1117호(문래동1가)
전화	02-3141-2700
팩스	02-322-3089
홈페이지	www.bookdaum.com
이메일	jisikwon@naver.com
가격	18,000원
ISBN	979-11-5622-952-0 03330

ⓒ 이문국 · 김은정 2025, Printed in South Korea.

- 이 책은 저작권법에 따라 보호받는 저작물이므로 무단전재와 무단복제를 금지하며, 이 책 내용의 전부 또는 일부를 이용하려면 반드시 저작권자와 도서출판지식공감의 서면 동의를 받아야 합니다.
- 파본이나 잘못된 책은 구입처에서 교환해 드립니다.